司法鉴定科技前瞻

THE FUTURE OF FORENSIC SCIENCE

〔美〕D. A. 马特尔　主 编
何晓丹　主 译
李成涛　主 审

科 学 出 版 社

北　京

图字：01－2020－18521

内 容 简 介

本书是美国法庭科学/司法鉴定学会主席智慧和学识的集成之作。全书内容上覆盖了美国法庭科学/司法鉴定学会的全部专业技术领域，综述了法医人类学、刑事科学技术、数字和多媒体科学、法医牙科学、法医精神病学、法医毒物学等专业部门的发展历史、研究热点和新兴技术，并从学科融合的视角展望司法鉴定技术的发展方向、新兴技术面临的挑战，以及司法鉴定从业者在其中发挥的作用。

本书是司法鉴定实践工作者、学者及法医学专业本科生和研究生的必备书籍，亦可为行业管理者提供参考和借鉴。

图书在版编目（CIP）数据

司法鉴定科技前瞻／（美）D. A. 马特尔（Daniel A. Martell）主编；何晓丹主译. —北京：科学出版社，2021.7
书名原文：The Future of Forensic Science
ISBN 978－7－03－066204－0
Ⅰ. ①司… Ⅱ. ①D… ②何… Ⅲ. ①司法鉴定－新技术应用 Ⅳ. ①D918.9－39
中国版本图书馆 CIP 数据核字（2021）第 091710 号

责任编辑：闵 捷／责任校对：谭宏宇
责任印制：黄晓鸣／封面设计：殷 靓

科学出版社 出版
北京东黄城根北街 16 号
邮政编码：100717
http：//www.sciencep.com

南京展望文化发展有限公司排版
苏州市越洋印刷有限公司印刷
科学出版社发行 各地新华书店经销

*

2021 年 7 月第 一 版 开本：B5（720×1000）
2021 年 7 月第一次印刷 印张：9 3/4
字数：160 000

定价：120.00 元

（如有印装质量问题，我社负责调换）

以科学
捍卫公正

《司法鉴定科技前瞻》
译者名单

主　译

何晓丹

主　审

李成涛

译　者

（按姓氏笔画排序）

万　雷	王亚辉	何晓丹	邹冬华
张钦廷	陈晓红	施　妍	曾锦华

《司法鉴定科技前瞻》（中文版）原著主编序

我很高兴看到这本重要的著作翻译给中国读者。作为本书主编，我汲取美国司法鉴定领域中一些最伟大领导者的智慧，通过展望所在专业的未来发展，为下一步的研究和实践描绘发展愿景。衷心希望《司法鉴定科技前瞻》（中文版）能将这些有影响力的领导者们的思想传递给众多的新读者，以促进司法鉴定领域思想的交流和碰撞。感谢何晓丹女士、李成涛研究员及司法鉴定科学研究院的翻译团队。

D. A. 马特尔（Daniel A. Martell）

2021 年 5 月 20 日

Editor's Preface for *The Future of Forensic Science* (*Chinese Edition*)

It is my great pleasure to see this important book translated for Chinese readers. As the Editor of this volume, I undertook to capitalize on the wisdom of some of the greatest leaders in every major field of forensic science, by asking them to look to the future of their specialty and provide a vision of the next steps that will advance both research and practice. It is my hope that this special Chinese edition will bring the messages from these influential thinkers to many new readers and advance their ideas to a large and important new audience. Thank Ms Xiaodan He, Professor Chengtao Li and the team of AFS translators.

Daniel A. Martell

20th May, 2021

译者的话

我们都期待未来的司法鉴定能够简单明了地解决诉讼和纠纷中纷繁复杂的矛盾，但伴随着科学技术和社会文明的快速发展，我们似乎又隐约地感觉到一切不会那么“简单”。“法律与科学之间，既是一种必要的依赖关系，又是一种勉强的接受关系，两者共存。”未来，司法鉴定人将如何协助法官充当“守门人”的角色？法律和科学如何共存？作为一门跨专业的应用型学科，司法鉴定各个专业学科未来发展和建设的方向、重点和核心在哪里？标准化、认证认可和教育培训如何携手同行？鉴定机构的区域化、私有化和整合如何实现最佳秩序？司法鉴定和信息技术如何融通？

在翻译《全球司法鉴定实践》一书时，译者发现了《司法鉴定科技前瞻》这本由美国法庭科学/司法鉴定学会主席们共同编撰的著作。带着好奇心粗粗翻阅之后，我们似乎能触碰到未来司法鉴定科技的一隅。毋庸置疑，在全球众多的司法鉴定专业组织中，美国法庭科学/司法鉴定学会历史悠久、会员众多、专业齐全，亦最负盛名，对世界范围内司法鉴定的学科发展、科学研究和技术应用的影响举足轻重。美国法庭科学/司法鉴定学会历任主席不仅是司法鉴定某一学科的引领者，更对整个司法鉴定领域的未来发展极具远见。他们的文字亦颇具思辨性，翻译他们的著作并将其推荐给中国的读者无疑是一件十分有意义的工作。当然不可否认，中美两国的诉讼体制和司法鉴定管理机制不尽相同，但“他山之石，可以攻玉”，美国司法鉴定的管理理念、策略和经验对我们依然具有重要的借鉴意义。书中的“范式”“垃圾法”等新名词，“司法工程学”“动物医学”等新应用领域，“综合部门”等新运行模式亦不断地拓展和丰富着我们对于司法鉴定认知的外延。

美国是全球司法鉴定体制改革的先行者，2009 年美国国家科学院发布的报告《美国法庭科学的加强之路》对美国法庭科学/司法鉴定领域所面临的问题进行了系统研究与反思，在全球司法鉴定领域引起了轩然大波。美国国会立即就建立标准、认证认可和其他问题进行了讨论，并成立了包括科学委员会、国家司法鉴定委员会在内的多个委员会来推进这一进程。然而,原著出版10余年后的今天,美国的司法鉴定似乎并没有完全按照当初预想的轨迹前行,诸多问题依然存在,国家司法鉴定委员会在2017年被终止,仅留下科学委员会在持续地推进标准、指南和最佳实践的制订工作。

中国司法鉴定体制改革已经很多年,2005年《全国人民代表大会常务委员会关于司法鉴定管理问题的决定》的颁布实施赋予了司法行政机关管理司法鉴定的职能,实现了诉讼与鉴定管理职能的分立。回顾过去,10多年来,司法行政部门以质量为核心,严格准入、严格监管,不断提高司法鉴定质量和公信力,为维护司法公正、保障人民权益提供了重要的科学支持。近年来,司法鉴定管理工作全面加强,体制改革稳步推进,制度规范不断完善,统一管理体制基本形成,司法鉴定逐步纳入了规范化、法治化、科学化发展轨道。然而,2019年,在国务院机构改革的过程中,司法部司法鉴定管理局被合并入司法部公共法律服务管理局。自此,司法鉴定工作成为公共法律服务体系的一个组成部分。

对于司法鉴定从业者而言,体制改革和管理模式的调整必然对现有的工作布局和运行模式产生冲击。站在过去和未来之间的我们有混乱、困惑,也有迷失。无独有偶,原定于2020年9月在澳大利亚悉尼举行的三年一届的国际司法鉴定盛会(22nd IAFS)的主题亦为“走向何处?”(Where to from here?)。“未来”成为全球司法鉴定人不约而同去思考和面对的问题。

“黄色的树林里分出两条路,可惜我不能同时去涉足,我在那路口久久伫立,我向着一条路极目望去,直到它消失在丛林深处。但我却选了另外一条路,它荒草萋萋,十分幽寂,显得更诱人、更美丽,虽然在这两条小路上,都很少留下旅人的足迹……也许多少年后在某个地方,我将轻声叹息把往事回顾,一片树林里分出两条路,而我选择了人迹更少的一条,从此决定了我一生的道路。”这是美国诗人Robert Frost《未选择的路》里的诗句。作为司法鉴定从业者,传承和创新是我们永恒的主题,公平和正义是我们永恒的使命,前行的道路上我们也将始终如一、一往无前。

本书完成于新型冠状病毒全球肆虐之际,翻译过程中科技、语言和文化的交流再一次深刻阐释了人类命运共同体理念,“大道之行也,天下为公”,面对“未来”,我们不会孤军奋战!

最后,感谢原著主编Daniel A. Martell教授为本书中文版著序,感谢司法鉴定科学研究院青年同仁在繁忙的科研和鉴定工作之余完成了本书的翻译工作,感谢司法部法治建设与法学理论研究部级科研项目(20SFB4017)的资助。希望本书的出版能为国内同行提供国外司法鉴定的研究样本,为司法鉴定实践工作者、学者及法医学本科生和研究生提供信息资源,亦为行业管理者提供参考借鉴。原著作者简介因不具有直接的学术参考价值,同时便于读者查阅原文,未作翻译。由于译者时间有限,书中如存在不足之处,敬请批评指正。

何晓丹
2021 年 6 月

“司法鉴定焦点丛书”序

司法鉴定是运用最佳技术去解决法律问题多样化的问题、是动态的学科领域。随着技术、研究和方法的不断进步及新案例应用的涌现，司法鉴定学科在不断发展，鉴定专家们也在不断地改进证据分析和结果解释，并跟踪学习最新的技术进展。本丛书由美国法庭科学/司法鉴定学会和Wiley-Blackwell 出版社合作完成，目的是出版一系列与美国法庭科学/司法鉴定学会活动和目标密切相关的书籍。本丛书反映了美国法庭科学/司法鉴定学会一贯坚持的目标之一，即鼓励发表司法鉴定相关的高质量学术研究和高水平论文。美国法庭科学/司法鉴定学会设立专门委员会负责书籍筛选，并转交 Wiley-Blackwell 出版社审阅。

美国法庭科学/司法鉴定学会成立于 1948 年，是一个跨学科的专业组织，宗旨是促进司法鉴定的科技进步，并为其法律应用提供指导。美国法庭科学/司法鉴定学会由 11 个部门组成，包括法医人类学、刑事科学技术、司法工程学、数字和多媒体科学、法理学、法医牙科学、法医精神病学与行为科学、法医毒物学、法医病理学、文件鉴定及综合部门。会员超过 6 000 人，他们来自美国的 50 个州及全球其他国家或地区。本丛书反映出全球各地的法庭科学学会成员对司法鉴定领域新研究、学术和出版物方面的兴趣和关注点。

Douglas H. Ubelaker
丛书主编
资深科学家
史密森尼学会，美国华盛顿特区

原著前言

2015年，佛罗里达州奥兰多举行的美国法庭科学/司法鉴定学会的主题是跨学科研究，本书写作的初衷和灵感来源于此。本书各章的撰写者是美国法庭科学/司法鉴定学会历任和现任主席，他们不仅精通所在领域的专业知识，还能够从跨学科视角展望司法鉴定未来10年的发展方向。

美国法庭科学/司法鉴定学会的主席们有丰富的司法鉴定经验、知识、洞察力和智慧，他们在世界范围内司法鉴定领域的影响力、领导力和预见力独树一帜。本书写作的目的是充分挖掘这群杰出的司法鉴定学者身上蕴藏的“宝库”，以共同致力于司法鉴定未来的发展。

本书强调了实验室的研究热点、理论进步和新兴技术，目标是展望司法鉴定未来10年学科的发展、新兴的技术进步对法律的影响及司法鉴定从业者在其中扮演的角色。这一历史性的著作有望引起所有美国法庭科学/司法鉴定学会成员的极大兴趣，并为司法鉴定未来的研究提供一个独特的讨论空间。

当今国际社会对司法鉴定学科的发展产生了巨大的关注。无论是标准的制订，还是科学方法、仪器和技术的发展，领导者的作用都至关重要。国际司法鉴定领域最受尊重的领导者们汇聚一堂并共同展望司法鉴定领域的未来发展不仅是前所未有的，更是弥足珍贵的。

本书出版之际，正值美国国家标准与技术研究院和科学委员会共同提出国际司法鉴定倡议之时。作者们的高知名度、国际社会对司法鉴定的普遍关注、本书的全覆盖性，这一切都无疑提高了本书的吸引力。

我很荣幸能加入这个团队，协调和促成本书的出版。

D. A. 马特尔(Daniel A. Martell)
美国法庭科学/司法鉴定学会

目　录

第 1 章
法医人类学新进展

Douglas H. Ubelaker
史密森尼学会人类学部门,国立自然历史博物馆,华盛顿,美国

1.1 引言

法医人类学是一门将人类学理论和方法应用于法医学领域的学科,通常涉及疑似人类骸骨的检测、复原和分析。法医人类学的工作重点是确定可疑骸骨是否为人体遗骸。如果是,则需要查清与遗骸有关的个人信息,该工作的核心任务是个体识别和违法行为甄别。

法医人类学的研究最早可以追溯到 19 世纪欧洲解剖医学中心。几位学科先驱——Paul Broca(1824~1880 年)、Alphonse Bertillon(1853~1914 年)和 Johann Friedrich Blumenbach(1752~1840 年)等进行了解剖学、人体测量学及生长发育学方面的研究,为后来欧洲法医人类学发展奠定了基础。美国马萨诸塞州哈佛大学的"Parkman 谋杀案"和芝加哥的"Adolph Luetgert 审判案"引起了人们对法医人类学这一新兴领域的广泛关注。这两起案件涉及哈佛大学 Oliver Wendell Homes 教授(1809~1894 年)、Jefferies Wyman 教授(1814~1874 年)和芝加哥人类学家 George A. Dorsey(1868~1931 年)出具的法庭证词。学科先驱 Thomas Dwight(1843~1911 年)、H.H. Wilder(1864~1928 年)、Paul Stevenson(1890~1971 年)、Earnest A. Hooton(1887~1954 年)、T. Wingate Todd(1885~1938 年)和人类学家 Aleš Hrdlička(1869~1943 年)等学者开创了法医人类学问题的专门性研究。Wilton M. Krogman(1903~1987 年)和 T. D. Stewart(1901~1997 年)开创了人类学和法医学相交叉的现代法医人类学研究,Mildred Trotter(1899~1991 年)对此也做出了重要贡献。组织机构的发展主要在美国法庭科学/司法鉴定学会(American Academy of Forensic Sciences, AAFS)前主席 Ellis R. Kerley(1924~1998 年)的领导下完成,包括 1972 年组建的 AAFS 的下设人类学新部门及 1977~1978 年成立的美国法医人类学学会。Clyde C. Snow(1928~2014 年)于 1984 年开始参

与拉丁美洲的人类学鉴定工作,并积极推动全球范围内与人类学相关的人道主义和人权调查事件。这些学科先驱及其早期创举,加之已发表的大量学术研究和案例报道,共同为现代法医人类学的研究奠定了坚实的基础。

通常认为,现代法医人类学是法医学和人类学交叉领域中的一个分支学科,但实际上法医人类学是以专门性问题为导向,同时涉及应用和方法的综合学科。其应用领域包括人体的检测、复原和鉴定,死亡年龄、死亡时间、性别、祖先信息、生活状况推断,以及死后经过时间的界定,还包括个体识别和违法证据评估。法医人类学各应用领域都有其自身独特的方法论、发展史和研究课题(Steadman, 2013)。总体而言,法医人类学的应用通常都需要从业者进行大量的培训和实践,而这些实践经验往往从实践者的技能中获得。

本章探讨了法医人类学各应用领域中的方法论问题,阐述了各领域当前的应用技术和未来发展方向。法医人类学的自身属性及应用领域是不断演化的,因此,本章主要强调法医人类学研究领域未来可能出现的新问题和解决方案(Lesciotto, 2015)。

1.2 检测与复原

法医人类学的很多案件都始于检测人体遗骸的存在。这项任务一般源于已发生案件中暗含的相关调查信息,这些调查信息显示案件可能涉及人体遗骸的检测。尽管此类案件的性质千差万别,但一个典型情况是举报人表明其目睹了一宗凶杀案,并提供了有关死者埋藏地点的细节问题。人类学家可以作为团队顾问或参与者,利用各种方法协助警方组织搜索。如果找到或锁定了具体案发地点,人类学家会开展挖掘工作或进行特殊检测工作,当遇到人体遗骸时,应做出辨认。

与法医人类学的大多数应用领域相类似,搜索和检测手段的选择取决于不同案例所呈现的具体情况(Cheetham and Hanson, 2009)。搜索范围的大小、调查信息的质量、地势及地形和现有的设备、人员是关键影响因素。搜索手段包括行人调查、航空勘测及使用寻尸犬(Holland and Connell, 2009)。一般说来,若通过地面搜寻发现实物证据(遗体、衣物和其他物件等)或土壤有被翻动过的迹象,则可以说明此处可能埋藏尸体。土壤被翻动过表明在正常情况下存在可供检测的变量,这些重要的检测变量包括洼地、土丘或反常的植被类型。

近年来,随着科学技术的发展,传统检测手段不断得到更新,如探地雷达、土壤电阻率检测仪和磁力计等。这些技术的应用可以搜寻并检测出土壤结构的变化，可以据此证明被翻动过的土壤与尸体埋藏之间存在相关性。这些检测技术最理想的用途就是在同质环境中使用最少的土壤进行检测。

一旦定位到尸体埋藏的疑似地点就需要进行详细挖掘，而经过考古学技术培训的法医人类学家则具备胜任这项工作的资质。挖掘的目的是锁定最初埋藏范围，并且通过定位来记录和回收所有相关证据，尤其是人体遗骸和相关遗物。挖掘工作应该符合规定，最大限度地减少对证据的破坏，并记录证据的类型和关联性。正确合规的挖掘工作可以最大限度地提高后续证据的证明力。

不同案件的搜索和复原工作千差万别。尽管前文讨论的方法一般是通用的，但是针对特定案例还需要采用特定的方法。这些案件现场与前文描述的典型尸体埋藏并不相同，如水下环境、建筑物火灾、自然灾害、航空事故等。

笔者认为，尽管法医人类学在这一研究领域的技术革新令人印象深刻且大有帮助，但最主要的进步还是（并将继续是）越来越多的人类学家能够参与搜寻和复原工作。搜寻和复原工作的团队领导者越来越能够体会到在人体遗骸的辨别工作中具备专业技能的人类学家的重要性。

1.3　种属认定

对回收样本进行法医人类学分析的第一步就是判定其是否为人体遗骸。若检测到完整的骨骼或牙齿，则比较容易通过形态学检测确定（Mulhern，2009）。然而，在多数情况下这些回收样本是不完整的，而且高温、创伤、生前疾病或其他因素的影响使得形态学检测更为困难。在很多情况下，法医学证据很难区分，如火灾残余物中的骨骼和牙齿碎片就很难与其他残余物区分开来。如今，技术革新极大地提高了法医人类学检测水平，从而使人类学家可以更为准确地评估这些证据。

扫描电子显微镜/能量色散光谱法（scanning electron microscopy/energy dispersive spectroscopy，SEM/EDS）就非常实用，通过 SEM/EDS 可以将骨骼和牙齿碎片与其他相似物质区分开来。骨骼和牙齿中的钙磷比例不同于现场提取的其他物质（Zimmerman et al.，2015）。对于这些物质的构成已经建立了比对数据库，从而可以通过 SEM/EDS 分析明确判定骨骼或牙齿的存在（Ubelaker et al.，2002）。然而，人类和其他动物的骨骼、牙齿的化学成分相似,因此无法通过 SEM/EDS 进行种属认定。

法医人类学家使用多种手段以确定骨骼或牙齿的所属物种。组织学检查可以发现一些人类不具有的特征(丛状骨或骨结合),所以组织学检查通常可以用于排除人体遗骸。

骨骼或牙齿样本的分子学分析可以揭示其所代表的物种。线粒体 DNA(mitochondrial DNA, mtDNA)遗传标记的分子学分析方法已成功应用于野生动物法医学研究,特别是涉及受法律保护的娱乐类和商业类物种(Guglich et al., 1994)。

笔者认为,固相双抗体蛋白放射免疫分析法(solid-phase double-antibody protein radioimmunoassay, pRIA)是一项理想的技术。pRIA 是指从微量的未知样本中提取蛋白质,该蛋白质在随后两个阶段中连接特异性抗体,特异性抗体的反应程度可以通过放射性标记物进行检测。pRIA 不仅可以确定未知样品是否为人体遗骸,还能判断出可能的非人类物种。pRIA 所需的样品量非常少,通过微量的样品就可以进行物种判定(Ubelaker et al., 2004)。

未来法医人类学人体遗骸识别种属认定的发展在于使 pRIA 技术变得更经济、更便捷。现场复原的工作人员能够快速确定遗骸的种属,这将会极大推动人体遗骸识别的发展。

1.4 死亡年龄

在分析人体骨骼遗骸时,法医人类学家尝试建立个体生物学特征资料库,以便进行身份查验(Rogers, 2009),准确推断死亡年龄是其中重要的一个组成部分。通常来说,对于失踪人员而言,死亡年龄是已知信息,也是身份识别的关键要素。由于尸体状况和个体年龄的差异性,推断死亡年龄的方法千差万别。对于胎儿尸体,可以将长骨长度代入确定的回归方程中推断其身高和年龄。对于婴儿、儿童和青少年而言,虽然骨骼形状和成熟度可以提供一些信息,但通过牙齿进行死亡年龄推断是最可靠的。

近年来,通过新方法的建立,对现有方法的批判性评价及人们对群体变异影响的深入了解,使死亡年龄推断的研究不断取得进步(Merritt, 2014; Wink, 2014; de Angelis et al., 2015)。新方法包括其他学科领域的最新技术,可以探索与年龄相关的骨骼变化,新方法也有望在法医学死亡年龄推断的新方法应用中发挥作用(Mays, 2014; Boyd et al., 2015)。一个典型的例子是对 mtDNA 的突变进行定量研究,该突变已被证明在人类衰老中起重要作用，但直到最近，人类学家才发现它的法医学应用价值（Zapico and Ubelaker, 2013a）。

对现有方法的批判性评价是提高检测准确度的要素。在法医人类学中，针对涵盖群体变异的既定方法的新应用进行评测尤为重要（Moraitis et al., 2014; Shirley and Ramirez Montes, 2015）。在全球不同地区，骨骼样本资料库的不断扩大有助于准确评估死亡年龄（Ubelaker, 2014a）。很多此类研究表明，群体变异确实存在于人口衰老进程中，所以应该针对特定人群使用特定的标准。

未来的死亡年龄推断研究很可能会聚焦于建立个体生物学特征资料库的问题上，研究旨在通过数据和样本的获取来更准确地反映全球人口变异。这些数据可能来自对最新收集的骨骼样本的记录及对活体的持续研究。研究人员还将专注于对死亡年龄推断的相关概率进行更准确的量化（Villa et al., 2015）。为了更真实地研究相关变异并满足司法领域内日益严格的审查需求，准确的统计学方法是必备条件。

1.5 死后经过时间

当发现人体遗骸时，调查方需要尽可能准确地推断死亡时间。但不幸的是，相关研究和案例均已表明当遗骸白骨化时，由于变量的影响因素太多，很难从形态学上准确评估死后经过时间。相关变量包括气候、季节、土壤条件、个体体质、死后处理、地下水位、死者着装和埋藏方式、昆虫和食腐动物，以及很多其他影响组织保存程度的因素（Forbes and Nugent, 2009; Kanz et al., 2014）。简言之，当遗骸白骨化且缺乏影响因素的信息时，很难通过对组织样本的观察准确推断死后经过时间。通过对各类腐败尸体进行衰变实验和观察，尤其是考虑到当地环境状况和暴露天数，研究人员获得了大量的实验结果（Dabbs, 2015; Roberts and Dabbs, 2015）。但如果遗骸白骨化或因环境导致的软组织保存异常，此时仅依赖形态学是无法准确推断死后经过时间的。

放射性碳同位素分析是解决此问题的一种有效方案。长期以来，^{14}C检测法在考古学中用于对样品进行年代检测。该应用基于以下理论：^{14}C同位素具有轻度放射性，已知其半衰期为5 730年。因此，如果^{14}C检测法检测到遗骸有衰变，可以由此推断这些遗骸的古老程度，而不需要进行法医人类学分析判定。

如果这些遗骸是现代的，那么可以通过将基础放射性碳含量与1 950

年后大气水平炸弹曲线①进行比较来确定其出生日期和死亡日期。1 950 年之后,大气和食物链中的基础放射性碳含量剧增,这种增长约持续至 1 965 年。尽管 1 965 年后大气和食物链中的基础放射性碳含量的增长水平有所下降,但仍高于 1 950 年之前的水平。因此,如果发现生物体基础放射性碳含量水平较高,则表明其在 1 950 年之后仍然存活。考虑到组织样本和个体死亡年龄评估,可以通过将放射性碳数值水平与大气水平炸弹曲线进行比较来推断样本的出生和死亡时间(Ubelaker et al., 2006; Ubelaker, 2014b)。

未来死后经过时间的研究很可能聚焦于^{14}C检测法所涉及的变量上,尤其是滞后时间(大气水平与人体组织水平之间的差异性)与个体年龄的关系,以及滞后时间在不同骨骼和牙齿组织中呈现的变化。还需要注意的是,如何利用现代炸弹测试期间的其他同位素标记来评估死亡日期。

1.6 性别推断

失踪人员的性别通常是已知的,其与年龄一样是个体生物学特征的重要组成部分。在大多数案件中,若分析人员可以获得人体骨盆,则可以通过骨盆形态准确地推断性别。若骨盆不存在或受损,则性别推断不太准确,因为骨盆以外的其他骨骼的性别差异均存在一些变异(Fateh et al., 2014; Michel et al., 2015)。一般说来,通过发育不成熟的骨骼遗骸形态推断性别并不可靠。而分子生物学分析,尤其是牙釉质检测,即使是发育不成熟的骨骼遗骸,仍可有效替代形态学方法判断性别(Baker, 2009)。

学者们已经对许多单个骨骼形态的性别差异进行了大量研究(Wescott, 2015)。因为在很多案件中骨骼并不完整,有时甚至可能只有一块骨骼。因此,这些研究成果十分重要(Ostrofsky and Churchill, 2015)。

一些研究还证实,在人类骨骼中性别的表达存在显著的种群变异(Brzobohatá et al., 2015),基于全球人体遗骸样本的研究已逐渐形成性别差异的特定人群数据资料(Spradley et al., 2015)。与法医人类学的其他应用一样,根据骨骼形态进行性别推断应采用属地标准(Amores et al., 2014)。

今后的工作需进一步阐明人类不同骨骼特征涉及性别差异的种群变

① 译者注:核武器试验过程中产生的放射性碳可进入大气,炸弹曲线是指根据放射性碳在大气中浓度变化绘成的曲线。

异,还需继续研究并深入解释种群变异的概率问题。研究还发现,人体遗骸中其他组织和成分在性别推断中或许具有一定的法医学价值(Zapico and Ubelaker, 2013b)。

1.7　祖先溯源

祖先溯源是法医人类学中最具挑战性的研究之一(Hefner and Ousley, 2014)。其推断方法随着度量方法、非度量方法,以及新数据库、个体化回归方程的建立而不断发展(Sauer and Wankmiller, 2009; Pilloud et al., 2014; Klales and Kenyhercz, 2015)。

种群祖先溯源既涉及社会/历史问题,又与生物学因素相关。未来的研究可能将加强区域数据库,也将继续尊重相关社会层面问题。

1.8　身高推断

目前成年人身高推断方法基于单块骨骼或骨骼群,有些甚至是完整骨骼。同样,也可通过性别和血统特异性的回归方程来推断身高(Willey, 2009)。有研究表明,通过完整的骨骼推断身高的准确性更高,但实践中通常遇到残缺的骨骼遗骸,所以推断的准确性受到限制。不同性别和不同人群的身高比例差异很大。因此,回归方程是根据性别和人群特异性建立的。全球人群身高数据记录统计的增加极大地推动了针对人群特异性的新方程的制订。同样重要的是,人们越来越多地认识到在失踪人员身高推断中可能犯的错误。

未来,身高推断方面的研究可能涵盖: ① 制订基于更多人群和不同骨骼的身高推断新方程;② 利用失踪人员更多的“已知”信息来推断其身高。

1.9　死后历程

在法医学领域中,埋藏学是指关于导致人类死后尸体发生变化影响因素的研究(Nawrocki, 2009)。法医调查领域认为,尸体死后变化可能受到许多不同因素的影响,尽管这些影响因素使得死后经过时间推断变得困难,但其中的细节可作为推断死后事件的重要指标。例如,动物咬痕、日晒痕迹、植被残留、土壤颗粒附着、节肢动物尸体及工具痕迹都可以作为解释人体死后历程的关键证据(Young et al., 2015)。

埋藏学逐渐成为科研热点,研究者发表了越来越多的科研成果。研究成果包括各种创新性实验,使人们更深入地了解到环境因素对人类死后遗体变化的影响。

1.10 个体识别

诸多法医学调查工作的最终目的都指向个体识别。调查人员通常是将被发现的遗体特征信息与失踪者信息进行比较。通过缩小搜索范围,将遗骸与失踪人员通过共有特征联系起来并详细分析以确定是否可以进行个体识别。在法医人类学实践中,个体识别的证据通常源于相关骨骼结构的放射学检查或其他医学影像学检查。

准确的个体识别分为两个阶段。第一阶段,必须找到遗骸和失踪人员之间的共有特征。第二阶段,必须解释被发现的所有不同点并评估共有特征的唯一性。成功解释上述不同点且评估共有特征唯一性之后,即可获得肯定的识别结果。

随着个体识别技术的革新,法医人类学鉴定人对概率的认识会不断深入。肯定结果必须与推定结果、不确定结果或可能结果区分开来,区分的关键在于进行个体识别时评估检测指标的特异性及认定的高标准(Stephan and Guyomarc'h, 2015)。缜密的研究有助于对该问题进行切实的评估,尤其是在放射学影像分析中。对证据的解释不仅受骨骼属性的特异性影响,还与用于比对的图像质量的差异性密切相关,尤其是个体生前影像质量的差异性。

未来的努力方向可能将专注于在个体识别中最常遇到的骨骼结构变异研究(Maxwell and Ross, 2014; Stephan et al., 2014; Derrick et al., 2015)。智能化和更加严谨的统计学方法也可能对此项工作产生积极影响(Lee et al., 2015; Stephan, 2015)。

1.11 违法行为

法医人类学家通常在涉及骨骼遗骸的违法案件中发挥其独特作用。虽然死亡原因和死亡方式的推断是法医病理学家的职责,但法医人类学家提出的关键证据通常也有助于死亡原因和死亡方式的判断(Fleischman, 2015)。法医人类学家一旦检测到变化,就必须分析确定这些变化与死亡事件、死后变化及埋藏过程是否有关(Cunha and Pinheiro, 2009)。那些与死亡事件相关的证据通常被认为与死亡有关,如提示死亡地点和死亡前后时间(Loe, 2009)。

如前文所述,关于埋藏学的影响因素已有颇为深入的研究,骨骼重塑获得的证据可以让法医人类学家更为清晰地了解死者生前状况及骨骼损伤情况,促使该领域的研究取得长足进步(Rickman and Smith, 2014; Beck et al., 2015)。创伤研究包括对骨折过程有更加细致的了解,也包括如何通过骨骼变化来确定创伤类型(Love et al., 2015; Pinto et al., 2015; Wiersema et al., 2015)。这对于判断在死亡窗口期或死后是否存在骨折和各类损伤的证据同样重要(Cappella et al., 2014; Báez-Molgado et al., 2015)。

未来的实验研究将持续推动该领域的发展,需要更进一步探索其他导致骨骼改变的影响因素,如温度变化、暴露环境的不同及不同类型的埋藏条件等(Dussault et al., 2014; Smith, 2014; Robbins et al., 2015)。

1.12　认证

与法医学的其他研究领域一样,法医人类学专业的个人资格认证也非常重要。人类学领域中越来越多的专业人员倾向于法医学方向,因此需要进一步加强人员资格认证并强化认证标准。自 1977 年以来,在北美,美国法医人类学委员会(American Board of Forensic Anthropology, ABFA)就开始向符合资格的人类学家提供认证,目前,该认证已不局限于北美居民。相关从业者需要获得法医人类学相关专业的博士学位并且获得博士学位后在该领域拥有 3 年的工作经验,符合资格的申请人还必须通过美国法医人类学委员会组织的考试。自 1977 年以来,共有 111 个人获得了认证资格。至 2015 年,其中的 77 人仍活跃在人类学领域。

拉丁美洲法医人类学从业者的资格认证可通过拉丁美洲司法鉴定学会完成,同时他们也必须通过相关考试。

英国法医人类学专业资格认证由皇家人类学研究所提供,该组织认证 3 个级别的专业水平;另外,也可以通过国际法医学学会的分支机构——欧洲法医人类学会(Forensic Anthropology Society of Europe, FASE)获得资格认证。欧洲法医人类学会可认证两个级别的专业水平,并向经验丰富且称职的从业者授予荣誉资格认证。

前文所述的认证项目以各种方式对符合资格的人员进行资格认证,并提供一定的法律保障体系,确保法医人类学家具备必要的技能和经验。这些认证项目解决了资格认证面临的双重挑战:既要保证高标准的认证,又要认识到目前该领域从业者参差不齐的学科背景。

1.13 结论

法医人类学是一个充满活力并蓬勃发展的学科领域，新的科学研究和实验一直在进行。未来发展的核心问题很可能包括技术运用中概率论的确立、认证项目的扩大、实验室认可的加强、新应用领域的拓展，以及更好地理解全球差异带来的各种影响。

法医人类学将继续吸引高素质的学生和专业人才。人才的进入为学科的发展带来了崭新的视角和研究思路，并为学科的飞速发展源源不断地注入活力。与法医学的其他分支学科一样，法医人类学为其从业者提供了利用科学知识化解现代社会矛盾和纠纷的机会。随着进入该领域新成员素质的不断提高，未来法医人类学的应用将会变得越来越广泛。

（王亚辉　译）

本章参考文献

Amores, A., Botella, M., and Alemán, I. (2014). Sexual dimorphism in the 7th cervical and 12th thoracic vertebrae from a Mediterranean population. *Journal of Forensic Sciences* 59 (2): 301 – 305.

Báez-Molgado, S., Bartelink, E., Jellema, L. et al. (2015). Classification of pelvic ring fractures in skeletonized human remains. *Journal of Forensic Sciences* 60 (S1): S171 – S176.

Baker, L. (2009). Biomolecular applications. In: *Handbook of Forensic Anthropology and Archaeology* (ed. S. Blau and D.H. Ubelaker), 322 – 334. Walnut Creek, CA: Left Coast Press, Inc.

Beck, J., Ostericher, I., Sollish, G., and De Léon, J. (2015). Animal scavenging and scattering and the implications for documenting the deaths of undocumented border crossers in the Sonoran Desert. *Journal of Forensic Sciences* 60 (S1): S11 – S20.

Boyd, K., Villa, C., and Lynnerup, N. (2015). The use of CT scans in estimating age at death by examining the extent of ectocranial suture closure. *Journal of Forensic Sciences* 60 (2): 363 – 369.

Brzobohatá, H., Krajíček, V., Horák, Z., and Velemínská, J. (2015). Sex classification using the three-dimensional tibia form or shape including population specificity approach. *Journal of Forensic Sciences* 60 (1): 29 – 40.

Cappella, A., Amadasi, A., Castoldi, E. et al. (2014). The difficult task of assessing perimortem and postmortem fractures on the skeleton: a blind text on 210 fractures of known origin. *Journal of Forensic Sciences* 59 (6): 1598 – 1601.

Cheetham, P. N. and Hanson, I. (2009). Excavation and recovery in forensic archaeological investigations. In: *Handbook of Forensic Anthropology and Archaeology* (ed. S. Blau and D.H. Ubelaker), 141 – 149. Walnut Creek, CA: Left Coast Press, Inc.

Cunha, E. and Pinheiro, J. (2009). Antemortem trauma. In: *Handbook of Forensic Anthropology and Archaeology* (ed. S. Blau and D.H. Ubelaker), 246 – 262. Walnut Creek, CA: Left Coast Press, Inc.

Dabbs, G.R. (2015). How should forensic anthropologists correct national weather service temperature data for use in estimating the postmortem interval? *Journal of Forensic Sciences* 60 (3): 581 – 587.

de Angelis, D., Mele, E., Gibelli, D. et al. (2015). The applicability of the Lamendin method to skeletal remains buried for a 16 – year period: a cautionary note. *Journal of Forensic Sciences* 60 (S1): S177 – S181.

Derrick, S.M., Raxter, M.H., Hipp, J.A. et al. (2015). Development of computer-assisted forensic radiographic identification method using the lateral cervical and lumbar spine. *Journal of Forensic Sciences* 60 (1): 5 – 12.

Dussault, M.C., Smith, M., and Osselton, D. (2014). Blast injury and the human skeleton: an important emerging aspect of conflict-related trauma. *Journal of Forensic Sciences* 59 (3): 606 – 612.

Fateh, E.E.A., Shirley, N.R., Jantz, R.L., and Mahfouz, M.R. (2014). Improving sex estimation from crania using a novel three-dimensional quantitative method. *Journal of Forensic Sciences* 59 (3): 590 – 600.

Fleischman, J.M. (2015). Radiographic identification using midline medical sternotomy wires. *Journal of Forensic Sciences* 60 (S1): S3 – S10.

Forbes, S. and Nugent, K. (2009). Dating of anthropological skeletal remains of forensic interest. In: *Handbook of Forensic Anthropology and Archaeology* (ed. S. Blau and D. H. Ubelaker), 164 – 173. Walnut Creek, CA: Left Coast Press, Inc.

Guglich, E.A., Wilson, P.J., and White, B.N. (1994). Forensic application of repetitive DNA markers to the species identification of animal tissues. *Journal of Forensic Sciences* 39 (2): 353 – 361.

Hefner, J.T. and Ousley, S.D. (2014). Statistical classification methods for estimating ancestry using morphoscopic traits. *Journal of Forensic Sciences* 59 (4): 883 – 890.

Holland, T.D. and Connell, S.V. (2009). The search for and detection of human remains. In: *Handbook of Forensic Anthropology and Archaeology* (ed. S. Blau and D. H. Ubelaker), 129 – 140. Walnut Creek, CA: Left Coast Press, Inc.

Kanz, F., Reiter, C., and Risser, D.U. (2014). Citrate content of bone for time since death estimation: results from burials with different physical characteristics and known PMI. *Journal of Forensic Sciences* 59 (3): 613 – 620.

Klales, A. R. and Kenyhercz, M. W. (2015). Morphological assessment of ancestry using cranial macromorphoscopics. *Journal of Forensic Sciences* 60 (1): 13 – 20.

Lee, W.J., Wilkinson, C.M., Hwang, H.S., and Lee, S.M. (2015). Correlation between average tissue depth data and quantitative accuracy of forensic craniofacial reconstructions measured by geometric surface comparison method. *Journal of Forensic Sciences* 60 (3): 572 – 580.

Lesciotto, K. M. (2015). The impact of Daubert on the admissibility of forensic anthropology expert testimony. *Journal of Forensic Sciences* 60 (3): 549 – 555.

Loe, L. (2009). Perimortem trauma. In: *Handbook of Forensic Anthropology and Archaeology* (ed. S. Blau and D.H. Ubelaker), 263 – 283. Walnut Creek, CA: Left Coast Press, Inc.

Love, J. C., Derrick, S. M., Wiersema, J. M., and Peters, C. (2015). Microscopic saw mark analysis: an empirical approach. *Journal of Forensic Sciences* 60 (S1): S21 – S26.

Maxwell, A.B. and Ross, A.H. (2014). A radiographic study on the utility of cranial vault outlines for positive identification. *Journal of Forensic Sciences* 59 (2): 314 – 318.

Mays, S. (2014). A test of recently devised method of estimating skeletal age at death using features of the adult acetabulum. *Journal of Forensic Sciences* 59 (1): 184 – 187.

Merritt, C.E. (2014). A test of Hartnett's revisions to the public symphysis and fourth rib methods on a modern sample. *Journal of Forensic Sciences* 59 (3): 703 – 711.

Michel, J., Paganelli, A., Varoquaux, A. et al. (2015). Determination of sex: interest of front sinus 3D reconstructions. *Journal of Forensic Sciences* 60 (2): 269 – 273.

Moraitis, K., Zorba, E., Eliopoulos, C., and Fox, S.C. (2014). A test of the revised auricular surface aging method on a modern European population. *Journal of Forensic Sciences* 59 (1): 188 – 194.

Mulhern, D. M. (2009). Differentiating human from nonhuman skeletal remains. In: *Handbook of Forensic Anthropology and Archaeology* (ed. S. Blau and D. H. Ubelaker), 153 – 163. Walnut Creek, CA: Left Coast Press, Inc.

Nawrocki, S.P. (2009). Forensic taphonomy. In: *Handbook of Forensic Anthropology and Archaeology* (ed. S. Blau and D.H. Ubelaker), 284 – 294. Walnut Creek, CA: Left Coast Press, Inc.

Ostrofsky, K.R. and Churchill, S.E. (2015). Sex determination by discriminant function analysis of lumbar vertebrae. *Journal of Forensic Sciences* 60 (1): 21 – 28.

Pilloud, M. A., Hefner, J. T., Hanihara, T., and Hayashi, A. (2014). The use of tooth crown measurements in the assessment of ancestry. *Journal of Forensic Sciences* 59 (6): 1493 – 1501.

Pinto, D.C., Love, J.C., Derrick, S.M. et al. (2015). A proposed scheme for classifying pediatric rib head fractures using case examples. *Journal of Forensic Sciences* 60 (1): 112 – 117.

Rickman, J.M. and Smith, M.J. (2014). Scanning electron microscope analysis of gunshot defects to bone: an underutilized source of information on ballistic trauma. *Journal of Forensic Sciences* 59 (6): 1473 – 1486.

Robbins, S.C., Fairgrieve, S.I., and Tracy, S.O. (2015). Interpreting the effects of burning on pre-incineration saw marks in bone. *Journal of Forensic Sciences* 60 (S1): S182 – S187.

Roberts, L.G. and Dabbs, G.R. (2015). A taphonomic study exploring the differences in decomposition rate and manner between frozen and never frozen domestic pigs (*Sus scrofa*). *Journal of Forensic Sciences* 60 (3): 588 – 594.

Rogers, T.L. (2009). Skeletal age estimation. In: *Handbook of Forensic Anthropology and Archaeology* (ed. S. Blau and D.H. Ubelaker), 208 – 221. Walnut Creek, CA: Left Coast Press, Inc.

Sauer, N.J. and Wankmiller, J.W. (2009). The assessment of ancestry and the concept of race. In: *Handbook of Forensic Anthropology and Archaeology* (ed. S. Blau and D.H. Ubelaker), 187 – 200. Walnut Creek, CA: Left Coast Press, Inc.

Shirley, N. R. and Ramirez Montes, P. A. (2015). Age estimation in forensic anthropology: quantifications of observer error in phase versus component-based methods. *Journal of Forensic Sciences* 60 (1): 107 – 111.

Smith, A.C. (2014). The effects of sharp-force thoracic trauma on the rate and pattern of decomposition. *Journal of Forensic Sciences* 59 (2): 319 – 326.

Spradley, M. K., Anderson, B. E., and Tise, M. L. (2015). Postcranial sex estimation criteria for Mexican Hispanics. *Journal of Forensic Sciences* 60 (S1): S27 – S31.

Steadman, D. (2013). The places we will go: paths forward in forensic anthropology. In: *Forensic Science: Current Issues, Future Directions* (ed. D.H. Ubelaker), 131 – 159. West Sussex: Wiley.

Stephan, C.N. (2015). Facial approximation — from facial reconstruction synonym to face prediction paradigm. *Journal of Forensic Sciences* 60 (3): 566 – 571.

Stephan, C. N. and Guyomarc'h, P. (2015). Qualification and perspective-induced shape change of clavicles at radiology and 3D scanning to assist human identification. *Journal of Forensic Sciences* 59 (2): 447 – 453.

Stephan, C. N., Amidan, B., Trease, H. et al. (2014). Morphometric comparison of clavicle outlines from 3D bone scans and 2D chest radiographs: a short-listing tool to assist radiographic identification of human skeletons. *Journal of Forensic Sciences* 59 (2): 306 - 313.

Ubelaker, D. H. (2014a). Osteology reference collections. In: *Encyclopedia of Global Archaeology*, vol. 8 (ed. C. Smith), 5632 - 5641. New York, NY: Springer.

Ubelaker, D.H. (2014b). Radiocarbon analysis of human remains: a review of forensic application. *Journal of Forensic Sciences* 59 (6): 1466 - 1472.

Ubelaker, D.H., Ward, D.C., Braz, V.S., and Stewart, J. (2002). The use of SEM/EDS analysis to distinguish dental and osseous tissue from other materials. *Journal of Forensic Sciences* 47 (5): 940 - 943.

Ubelaker, D.H., Lowenstein, J.M., and Hood, D.G. (2004). Use of solid-phase double-antibody radioimmunoassay to identify species from small skeletal fragments. *Journal of Forensic Sciences* 49 (5): 924 - 929.

Ubelaker, D.H., Buchholz, B.A., and Stewart, J.E.B. (2006). Analysis of artificial radiocarbon in different skeletal and dental tissue types to evaluate date of death. *Journal of Forensic Sciences* 51 (3): 484 - 488.

Villa, C., Buckberry, J., Cattaneo, C. et al. (2015). Quantitative analysis of the morphological changes of the pubic symphyseal face and the auricular surface and implications for age at death estimation. *Journal of Forensic Sciences* 60 (3): 556 - 565.

Wescott, D.J. (2015). Sexual dimorphism in auricular surface projection and postauricular sulcus morphology. *Journal of Forensic Sciences* 60 (3): 679 - 685.

Wiersema, J. M., Derrick, S. M., Pinto, D. C. et al. (2015). Standardized descriptive method for the anthropological evaluation of pediatric skull fractures. *Journal of Forensic Sciences* 59 (6): 1487 - 1492.

Willey, P. (2009). Stature estimation. In: *Handbook of Forensic Anthropology and Archaeology* (ed. S. Blau and D.H. Ubelaker), 236 - 245. Walnut Creek, CA: Left Coast Press, Inc.

Wink, A. E. (2014). Pubic symphyseal age estimation from three-dimensional reconstructions of pelvic CT scans of live individuals. *Journal of Forensic Sciences* 59 (3): 696 - 702.

Young, A., Márquez-Grant, N., Stillman, R. et al. (2015). An investigation of red fox (*Vulpes vulpes*) and eurasian badger (*Meles meles*) scavenging, scattering, and removal of deer remains: forensic implications and applications. *Journal of Forensic Sciences* 60 (S1): S39 - S55.

Zapico, S.C. and Ubelaker, D.H. (2013a). mtDNA mutations and their role in aging, diseases and forensic sciences. *Aging Diseases* 4 (6): 364 - 380.

Zapico, S.C. and Ubelaker, D.H. (2013b). Sex determination from dentin and pulp in a medicolegal context. *The Journal of the American Dental Association* 144 (12): 1379 - 1386.

Zimmerman, H.A., Schultz, J.J., and Sigmund, M.E. (2015). Preliminary validation of handheld X-ray fluorescence spectrometry: distinguishing osseous and dental tissue from nonbone material of similar chemical composition. *Journal of Forensic Sciences* 60 (2): 382 - 390.

第 2 章 关于刑事科学技术未来挑战的几点思考

Ronald L. Singer
塔兰特县,得克萨斯州沃思堡,美国

"祝福您生活在有趣的时代。"

(出处有争议)

2.1 引言

上面的这句话其实并不是祝福,而是预示着我们的生活将持续充满压力与变数,而所有的这些几乎都很难掌控。在来自电视、小说和科技进步的正面导向和在 2009 年美国国家科学院(National Academy of Sciences, NAS)报告中对司法鉴定的公开谴责的双重影响下,公众求助于刑事科学技术的意识日益觉醒,从而使得人们身处这一时代非常"有趣",在未来一段时间内也将继续"有趣"下去。"有趣"不仅是对那些在刑事科学技术领域工作的人而言的,对一些非科学人士亦然。这些人士一方面被各种压力和变数及刑事科学技术对压力的反作用力所吸引;另一方面又不断地承受着源自立法、媒体或其他途径的信息所带来的压力。

刑事科学技术通常是指运用自然科学的原理对物证进行鉴定。它包括以下几点内容。

(1) 弹道痕迹:对枪支的状况检查、序列号恢复、射程确定,以及其他与枪支和弹药成分有关的分析和研究。

(2) 法医生物学:生物体液的血清学分析和 DNA 鉴定。

(3) 痕量证据:对检材的评估和鉴定,包括对头发、纤维、玻璃、油漆、枪弹残留物等材料及鞋印和轮胎痕迹的鉴定。这些材料由于体积小、重量轻,很容易从一个物体或人体转移到另一个物体或人体上。

(4) 毒物化学:对药片、散剂和口服药物中是否存在受管制物质的分析,也包括按照委托方要求分析其他物质。

(5) 指纹鉴定:指纹的显现和认定。

（6）法医摄影：使用专门技术对物证进行摄影，以及对照片和其他摄影材料的真实性、来源等进行鉴定。

刑事科学技术正面临诸多挑战。但挑战并非坏事，它需要该领域的科学家、研究机构和管理部门采取措施统筹应对。在下文各部分中，我们将共同探讨其中存在的一些问题。

2.2　科技进步

2.2.1　计算机、软件和数据库

当今社会，计算机已成为高度复杂的分析工具中不可分割的组成部分，并且可以作为信息的载体和存储库，这些信息比以往任何时候都能够更快地进行搜索、分类和查询。技术的进步及对计算机软件和数据库的使用减少了分析所需的时间，细化了分析的过程，有时甚至可以在犯罪现场直接进行分析处理，而不需要去实验室。数据库能够累积可供快速搜索的信息，信息量的累积不仅使得开发不同类型证据的统计模型成为可能，还使数据库具备了以电子方式进行初步比较的能力。当前，现有的州和联邦的数据库累积和存储着 DNA、指纹、枪管膛线、发射子弹和弹壳的表面细节、油漆的化学结构、爆炸性和易燃化合物、鞋底花纹、轮胎上的胎面花纹等信息。这些数据不断累积，几乎每天都在增加。计算机和其他数字设备（如手机、平板电脑及存储在其中的数据）也变得越来越重要。

2.2.2　DNA 鉴定

在过去的 25 年①中，DNA 已取代指纹成为鉴定中的“金标准”。随着 DNA 技术的快速发展，DNA 鉴定对样品量的需求越来越低。我们可以通过对犯罪现场的未知生物检材进行 DNA 鉴定来预测人体表型信息，通过相关软件程序解释越来越复杂的混合物。这些科技进步也为 DNA 鉴定带来了越来越多的挑战。随着 DNA 数据库成规模的增长，不相关的匹配图谱也越来越多，因此有必要将其他等位基因添加到 DNA 图谱中。混合物的分析，其结果分析将更加依赖于智能化的软件程序而非人工计算，贡献者成分均等时，人工计算也可以解决。最后，随着分析设备变得更加轻便易携带，科学家的工作重点可能需要从实验的工作台上转移到为非科学家准备和验证鉴定方法上。

① 译者注：本书写于 2015 年，过去的 25 年应为 1989~2014 年。

2.2.3 痕迹证据

痕迹证据包括检验和比较枪支与弹药相互作用留下的标记、比较鞋底和轮胎上的设计特征和磨损留下的附带标记及比较和鉴别指纹。

在枪支和工具痕迹的鉴定方面，传统上是将从犯罪现场提取的检材（未知样本）与可疑枪支、螺丝刀、撬棍或其他工具上产生的样本（已知样本）进行比较检验，以试图确定物品表面上的随机标记与已知样本之间是否有足够的对应性，从而确定检材和样本是否由同一枪支或工具形成。这种比较检验使用比较显微镜进行，该显微镜由通过光学桥连接在一起的两个显微镜组成，能够同时观察已知样本和未知样本的表面。最终，检验人员确定未知样本上的标记是否来源于已知枪支或工具。指纹、鞋印和轮胎痕迹的比较以相类似的方式进行，通过放大镜或者肉眼寻找手指皮肤乳突细节中的随机特征（细部特征）或者由于磨损而留在鞋底或轮胎上的随机痕迹（磨损痕迹）进行检验。计算机辅助系统降低了鉴定的主观性，同时随着各类软件变得越来越复杂，司法鉴定专家将能够为发现的痕迹赋予统计学意义。这将改变痕迹证据专家证词提供的方式：司法鉴定专家将不再强调指纹是由某个特定的人留下，某个特定的弹药部件是由某支枪支发射，或者在现场留下的痕迹是来自某个特定的鞋或轮胎，从而排除其他人。相反，这些领域的证词将变得像 DNA 鉴定那样，用统计数据说明与特定对象或物品的相关性。

2.2.4 仪器设备

鉴定仪器变得越来越复杂、越来越小巧，提供的信息越来越丰富，分析过程越来越快速，但也越来越昂贵。撇开前期和持续维护成本不谈，仪器精度和准确度方面的要求需要对使用该设备的司法鉴定人进行更高级的培训，这可能会对实验室人员构成压力，并需要额外的预算来支付培训费用。此外，鉴定仪器越来越小巧、越来越便携，它们将更适合在现场而不是实验室使用。这将导致司法鉴定专家扮演的角色发生变化，从原来的在实验室工作的“生产者”转变为认可和培训鉴定人的“监督者”。

2.3 质量问题

国家科学院报告

2005 年，美国国会要求美国国家科学院对美国司法鉴定的现状进行研究。《美国法庭科学的加强之路》报告(即国家科学院报告)于 2009 年 2 月发表并在整个司法鉴定领域引起了很大反响,特别是在刑事科学技术专业领域。美国国会立即就建立联邦标准和审查司法鉴定科学家进行了讨论,并成立了多个委员会来加快这一改革进程。改革的最终结果必然是联邦立法。其严苛程度取决于国会的决心和投入,也涉及实验室的强制性认可和个人认证及建立高质量的标准或最佳实践。为了确保改革的顺利进行,必须投入足够的资金。大部分的资金必然来源于联邦资助。虽然对实验室认证和继续教育的资助总是受欢迎的,但一旦联邦资助停止,这些资金将如何筹集? 此外,有一些州如得克萨斯州已经建立了自己的监督机构。根据这些州立法机关赋予的权力,监督机构将对司法鉴定实验室提出额外的要求。这些要求可能包括行政许可、额外的认可标准和附加报告要求。实验室和工作人员将不得不适应新的审查级别,审查通常是由他们无法掌控的董事会或委员会进行。额外监督很可能导致需要增加行政和文书人员以满足额外的记录要求,这将增加实验室上级机构的财政负担。国家科学院报告还批评了大多数司法鉴定实验室与执法机构关系紧密的事实。笔者注意到,随着独立的、由董事会控制的公共实验室、法医官办公室附属实验室的设立,以及与各执法机构签订合同提供鉴定服务的私人实验室的建立,司法鉴定实验室已经开始逐渐脱离执法部门。这一趋势将改变实验室与其客户之间的关系。实验室将不再为单一的执法机构(它也曾经是其一部分)服务,而是为各种各样的客户服务,这些客户包括执法人员、检察官、辩护律师、司法机构甚至个人。虽然服务质量和问责制将继续主导实验室的工作进程,但可预见的是来自外部的审查将大大增加,客户满意度将成为今后鉴定服务的一个主要问题。

2.4　财务负担

如前所述,改革不可避免地要投入资金,获得并维持资金的持续投入将成为司法鉴定实验室的一大挑战。实验室往往需要做出一些困难的决定,不仅是关于资金投入的来源,还包括如何最好地利用现有资金。绝大多数公共犯罪实验室往往是一些大机构的组成部分,因此必须确保来自上级机构的额外资金不是短期支持的一次性拨款。这种承诺很难兑现,因为时移世易,机构的优先事项往往会随着时间的推移而改变。因此,至关重要的是,实验室必须有最佳方案,要么确保有持续的资金提供(这在最好的情况下也很困难),要么设法从现有资金中获得最大效益(这种可行性更大）。针对这个问题，实验室可能有以下几种方案。

2.4.1 寻求其他资助资金来源

虽然赠款遇到了前面提到的关于机构供资的同样问题，即现有资金投入缺乏一致性，不可避免地受资金分配者的财政和政治因素制约，但赠款有助于填补其他长期资金来源可能出现的缺口，目前主要依靠联邦政府或州刑事司法机构提供的赠款。但是，由于赠款固有的不一致性，赠款永远不可能是解决日益增加的财政负担的办法，实验室也不应长期依赖于此。另外，这些赠款越来越少，因此必须探索其他资金来源如私人基金会或研究机构。

2.4.2 人员配备

从技术和行政的角度来看，由于流程变得更加复杂，对司法鉴定人的要求将越来越高。更复杂的案件如对 DNA 混合斑的解释，还需要对鉴定人开展额外的培训。尽管新仪器减少了实际的分析时间，但是在许多情况下，增加的技术、行政审查、过程控制措施实际上会延长各种分析所需的平均周转时间。司法鉴定人专业化的趋势会导致需要增加人员。但如果没有资金，增加人员就无从谈起。因此，必须充分利用实验室现有人员。这可能会导致实验室提供的服务总量减少，但可以使得实验室专注于为特定客户提供最佳服务。尽管其中许多服务不能提供像 DNA 鉴定一样特定的数据，但仍然能提供有价值的调查信息，而如果放弃这些服务，那么在犯罪活动调查的科学支持方面将造成空白。因此，工作人员的重新分配必须同其他节省费用的措施结合起来，以便最大限度地利用现有资源。

2.4.3 区域化

上述人员配备和服务量减少问题的一种可能解决方案是实现某些服务的区域化。如果一个国家由某一个特定区域的实验室提供服务，而不是每个实验室都提供完整的服务，那么某些服务（如某些类型的痕量分析）将只由一个实验室提供。随后，全国的案件将从各地发送到该实验室进行评估。这将减少总体上的人员配备和设备需求，但要权衡的因素是其增加了将信息返回给提交机构所需的时间。这也可能会增加分析人员出庭作证所需的差旅费。但是，将现有司法系统中一半的实验室的某些服务项目取消可以节省大量资金。若地方实验室足够靠近甚至其服务于重叠的辖区，则更加易于实现服务区域化。实验室间可以签署合作协议，就近互相提供特定服务。困难之处在于,诸如此类的协议通常将涉及上级机构之间的谈判和谅解备忘录的制订和签署。这些谈判和协商可能需要很长时间,并经常会引发一些衍生问题。另外,实验室之间的非正式协议一旦达成,则常常有助于减轻临时的案件积压,并促成进一步的合作。

2.4.4　整合

一个更激进的改革措施是将在附近或重叠辖区运作的两个或多个实验室合并成一个实验室。这种整合有几个优势:① 只需要向一个实验室提供财政支持,而不是两个或多个实验室;② 只需要一套单独的必要设备,而不是为两个或多个实验室配备相同或相似的设备;③ 人力需求减少,只需要维持一个机构运作。参与整合的机构最终可能会演化为一个“巨无霸”——一个体量和能量远远超过先前任何一个实验室的独立机构,从而大大节省了资金和人力投入。

然而,整合并非没有挑战。必然会出现的一个主要问题是如何进行管理。如果一个较大的实验室承担了一个较小实验室的职能,那么较大实验室的上级机构通常将继续管理合并后的机构。但是,在实验室大小和服务差距不大的情形下,可能就会产生管理上的冲突。这个新实验室将设在哪里?实验室中的司法鉴定专家为谁工作?他们将获得与合并前相似的待遇吗?在进行任何类型的整合之前,需要仔细考虑上述问题及更多衍生问题。就个人而言,在新机构工作的司法鉴定人可能还必须适应新的管理风格、新的政策和程序及新的同事。

2.4.5　成本回收

维持实验室运作的另一种方法是成本回收。在某些情况下,区域化、整合甚至仅仅是实验室当前的运营,仍然需要通过服务收费来维持。如果一个实验室隶属于一个更大的公共机构,并且只为该机构服务,那么运行费用必然由其上级机构承担。但是,实验室的经费受上级机构整体财务状况、实验室在部门层级中的地位、政府对实验室的重视程度等多个因素影响。因此,如果司法鉴定实验室接收来自上级机构以外的机构委托的案件,那么实验室可能会考虑向该服务的委托方收费。公共机构本质上是非营利性的,因此收费的目的只是收回提供服务的基本成本。收取的费用为原本应由上级机构支付的费用,从而减轻了一些上级机构的财务负担。上级机构节省的经费可以用于实验室的建设,或者回到上级机构的基金里用于其他项目。

此外，也可以考虑将司法鉴定实验室专用费用附加到法庭费用上。一般而言，法庭费用是根据认罪和定罪量、辖区人口及鉴定总体使用情况与机构签订合同整体征收的，而不是根据每个案件或每个鉴定逐个收取的。谈判和维持这样的协议既复杂又烦琐，而且导致司法鉴定实验室将再次受到资金来源的财政和政治因素的支配。

2.4.6 私有化

司法鉴定实验室也可以考虑将其中一部分工作外包给独立的私人实验室，而不是完全放弃服务或将案件鉴定所需的时间拖延到委托方难以接受的程度。因为实验室可以使用招标程序选择外部实验室，并且因为总成本可以被实验室（用于分析工作）和地区检察官办公室（用于作证，它还节省了鉴定人离开实验室进行鉴定时所浪费的分析时间）分摊，外包实际上可以节省实验室资金。但是，一旦样本脱离了实验室，上级机构和（或）司法鉴定实验室对鉴定过程就失去了控制。此外，许多地区律师反对外包，因为这会增加他们的成本。而且，当私人实验室位于另一个城市或州时，司法鉴定实验室与其客户之间的一对一关系可能会有所破裂。

刑事科学技术发展所面临的困难是缺乏资金和财务负担。然而，这不应该作为该领域表现不佳的借口。未来，该领域面临的真正挑战是实验室如何最大限度地利用现有资源来维持工作的可靠性和可信性。刑事科学技术目前的确处在一个"有趣的时代"。事实上，自 2009 年甚至更久以来，从事研究、分析和管理的刑事技术人员一直在携手努力，以应对该领域带来的持续的压力和变数。展望未来，很显然，他们也将继续迎接并应对这些挑战。

致谢

本章内容基于 2015 年 2 月在美国佛罗里达州奥兰多举行的 AAFS 跨学科研讨会第 67 届年度会议上所做的演讲扩展而成。在此感谢 AAFS 的前历任主席 Douglas M. Lucas（1972～1973 年）、Richard S. Frank（1988～1989 年）、Barry A. J. Fisher（1998～1999 年）和 Joseph P. Bono（2010～2011 年）。原始演示文稿的内容是本写作的基础。

（何晓丹　译）

本章参考文献

National Research Council, Strengthening Forensic Science in the United States: A Path Forward. National Academies Press, Document Number 2280901, August 2009. Available at www.nap.edu/catalog/12588.htm.

Texas Forensic Science Commission, www.txcourts.gov/fsc/about-us/.

Houston Forensic Science Center, www.houstonforensicscience.org/.

第3章 数字和多媒体科学

Zeno Geradts
国家司法鉴定研究所数字和生物特征部门，阿姆斯特丹大学信息研究所，荷兰

3.1 引言

过去的几十年中，数字存储器和数字设备的使用量呈现出指数级增长趋势。现在，几乎人人都拥有智能手机（移动电话）和计算机之类的设备，并且工作和生活中也无时无刻不在使用它们（图3-1）。此外，闭路电视摄像机还在公共场所和私人公司里监视着人们的一举一动，因此，此类设备经常包含大量的数据信息。这些数据可能来自数据库的信息、多媒体信息（如录制的视频和音频）、交互和下载日志、移动性数据、位置信息，或者存储在互联网上某处并链接到各种社交网络的信息等。数字数据的大量涌现对取证领域产生了巨大影响，并带来了新的挑战。本章概述了本领域的前沿问题。然而，由于本领域的变化之快及研究范围之广，本章亦不能详尽叙述。

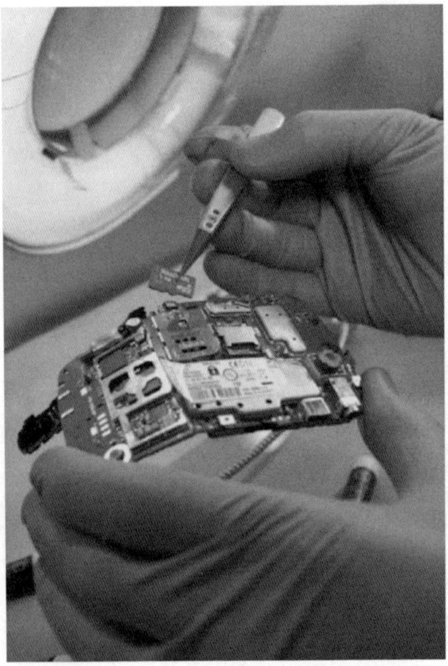

图3-1 移动电话的司法取证检验
图片来源：荷兰国家司法鉴定研究所

3.2 历史

AAFS前副主席Carrie Whitcomb表示，早在1984年，联邦调查局（Federal Bureau of Investigation, FBI）就开始成立计算机取证部门（Whitcomb,

2002)。1995年,美国特勤局(United States Secret Service, USSS)的一项调查显示,美国48%的执法机构都有计算机犯罪调查实验室。

标准化的问题由来已久。1991年,6个国际执法机构组成的小组在南卡罗来纳州的查尔斯顿与几个美国联邦执法机构举行了一次会议,讨论了计算机取证问题及检验方法标准化的必要性。1993年,联邦调查局主办了一次关于计算机证据的国际执法会议,来自美国各个联邦、州和地方执法机构的70名代表参加了会议。与会者一致认为,应当建立计算机司法取证标准。1995年在美国马里兰州巴尔的摩、1996年在澳大利亚、1997年在荷兰也召开了类似的会议,这些会议促成了计算机证据国际组织(International Organization on Computer Evidence, IOCE)的成立。2010年,在日本东京召开筹备会议后,计算机证据国际组织宣告成立。

在欧洲,欧洲法庭科学研究所联盟(European Network of Forensic Science Institutes, ENFSI)于1997年在捷克的布拉格成立了法庭信息技术工作组(Forensic IT Working Group),该工作组与计算机证据国际组织建立了良好的联系,并参与撰写了一些最佳实践指南。

1998年6月17日,数字证据技术工作组(Technical Working Group Digital Evidence, TWGDE)在美国举行了第一次会议。联邦调查局特别代理人 Mark Pollitt 当选为主席,美国邮政检验局(United States Postal Inspection Service, USPIS)法庭服务部门的经理 Carrie Morgan Whitcomb 当选为联合主席。几个联邦法庭科学实验室代表也出席了会议,包括烟酒火器及爆炸物管理局(Bureau of Alcohol, Tobacco, Firearms and Explosives, ATF)、海关、缉毒局(Drug Enforcement Administration, DEA)、联邦调查局、移民归化局(Immigration and Naturalisation Service, INS)、国家税务局(Internal Revenue Service, IRS)、国家航空航天局(National Aeronautics and Space Administration, NASA)、美国特勤局和邮政检查局。工作组每月召开一次会议,拟定组织程序和编制相关文件。

后来,该工作组更名为数字证据科学工作组(Scientific Working Group on Digital Evidence)(https//www.swgde.org)。图像技术科学工作组从该工作组中分离出来,并制订了许多最佳实践指南,直到2015年,美国国家标准与技术研究院(National Institute of Standards and Technology, NIST)开始组建全体科学领域委员会(Organization of Scientific Area Committees, OSAC)。起初,数字证据并没有被视为一个独立的群体,直到2015年,数字证据才被纳入数字/多媒体科学区域委员会。

2002 年,Carrie Whitcomb 在美国法庭科学/司法鉴定学会董事会上做了一次报告,着重强调在 AAFS 中增加法庭科学数字证据部门的必要性,并建议数字证据将包含在通用部门和工程部门中。2008 年,AAFS 组建了数字和多媒体科学部门(Popejoy, 2015),这也是美国法庭科学/司法鉴定学会中最新的部门。由于汽车、医疗设备和许多家用设备的数字化,数字设备已随处可见,如智能手机、计算机和数字电子设备等这些常用物品。从这些设备中可以提取出对法庭非常重要的数字证据。此外,随着摄像机及其附属的音视频文件的普及,多媒体设备端的取证也在迅速发展。

在本章节中,数字和多媒体检验将着重阐述以下问题①。

1) 数字设备中哪些文件被删除了?

2) 该系统还连接了哪些其他数字设备?

3) 是否有人通过网络对这个系统进行了攻击或对其进行了修改?

4) 是否可以定位或识别远程系统或用户?

5) 该系统访问了互联网上的哪些网站?

6) 音频是否被篡改?

7) 是否可以对录像进行增强处理以识别某人?

8) 是否可以确定照片中物体的物理属性?

9) 是否可以确定某人是目标嫌疑人还是受害人?

10) 是否可以根据电话号码、电子邮件等来定位或识别未知的受害者?

11) 是否可以重建犯罪嫌疑人的活动模式?

3.3 数字证据

如果对鉴定机构的数字取证能力进行调查②,大多数机构将把重点放在数字痕迹、数据和元数据上。排名前三的案件类别分别是虐待儿童案、谋杀案和诈骗案,排名前三的检验内容分别是手机、存储设备和数据分析(图 3-2)。

数据来源多种多样,包括个人计算机、备份磁带、合法拦截的数据、智

---

① 原著作者注: http://old.aafs.org/studentds/student-career/digital-multimedia-sciences(accessed on 29 December 2015)。

② 原著作者注: Inaugural speech on extracting evidence from Big Multimedia Data, University of Amsterdam, 2015, www.oratiereeks.nl/upload/pdf/PDF-2776weboratie_Geradts_-_DEF.pdf。

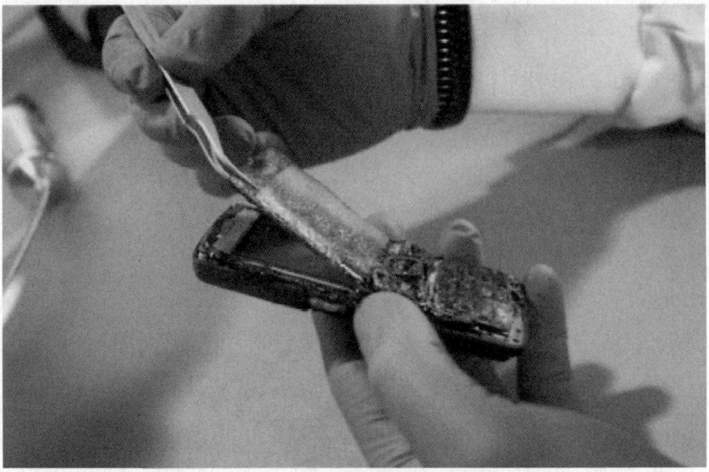

图 3－2　对一部烧坏的手机进行检验
图片来源：荷兰国家司法鉴定研究所

能手机及许多载有照相机和传感器的新兴设备，如无人机等。新设备的发展非常迅速，因此很难对所有的新兴设备进行涵盖，也非常有必要不时地将新设备添加到知识储备库中进行研究。

数据存储格式纷繁复杂，并且每天都会产生新的格式。在应用程序商店中有超过一百万个应用程序，要覆盖所有这些应用程序并不容易，并且软件的更新也会产生新的存储格式。基于此，拥有工具数据库和格式库就显得非常必要。如果无法读取数据，鉴定人员必须进行反向工程，这一过程将耗费大量时间。

世界范围内的数据量及处理能力正在迅速增长和增强。Raymond Kurzweil 在其关于计算能力增长率的书中将计算能力进行了类比。他（Kurzweil, 2005）用过去的增长数据来推断未来发展趋势，帮助那些没有指数概念的人们对增长率有个切实的了解。

1）2000 年，1 000 美元可以购买一台具有昆虫计算能力的计算机。

2）2010 年，1 000 美元可以购买一台具有老鼠计算能力的计算机。

3）2020 年，1 000 美元可以购买一台具有人脑计算能力的计算机。

在 3 年内，连接到互联网上的设备数量被认为将增长到 200 亿。

大数据意味着数据量巨大，如果我们收集 2015 年公安部门监管的所有数字数据，会很容易发现数据量已增长到 10 PB。在实践中经常遇到的 8 TB 的数据量，如果双面打印到纸张上，可以装满 40 km 长排列的卡车。然而，这才仅仅是 1 600 h 的高清视频。但是，数据量并不总是法庭科学大数据分析中的主要问题(Zuech et al., 2015)。大数据还会出现无法用标准软件进行及时处理等问题。随着图像和视频数量的快速增长,图像检验也会很快出现类似问题,人们在图像和视频处理时间上也会受到限制。

过去几年,许多数字证据系统是在单独的电脑上开发的(Nikkel, 2014)。这些系统存在较大局限,调查员及检验人员不得不通过关键字进行信息搜索,这个过程可能花费数月时间。

对于新系统,安全性、隐私性和透明性是系统设计的要点(Kloosterman et al., 2015)。从设计上讲,安全性很重要,因为任何人都不想泄露数据,也不希望他人或系统管理员修改其数据。警方从设备获取的数据应保持不变。并且,在调查系统时,待取证的病毒和其他恶意软件也不能感染系统。随着数据量的迅速增长,隐私性问题(Dehghantanha and Franke, 2014)显得尤为重要。并不是所有的用户都能意识到其手机上存储了 GPS 产生的位置信息及其他多媒体数据信息,并且这些信息时常共享于位于其他国家/地区的在线云系统中。由此带来的优点是这些数据能在数小时内进行获取(Geradts and Franke, 2015),并且调查员可以对这些数据进行检索。利用上述方法,案件调查时间可以从几个月缩短到案件发生后的最初几个小时内,案件在这段时间内就可以获得初步结果。

我们需要更智能的模式识别系统对图像和视频建立索引。软件的有效性非常重要,但也相当困难。欧洲法庭科学研究所联盟(Geradts, 2011)发布了关于数字证据新的最佳实践指南,其中阐述了如何对软件进行测试,并尝试对其进行标准化和固定。

法庭科学领域在质量体系方面做出了巨大努力,对方法确认和报告证据解释的不确定度是重要的解决途径。

3.4 损坏的(移动)设备

实践中,移动设备会受到热、辐射、机械冲击、弹道冲击或液体的破坏。数据恢复的应用领域正在扩展,通过特定方法可以对设备的存储芯片进行检验并从中提取数据(图 3-3)。这种情况下,数据重建和数据雕刻就显得非常重要。关于数据重建和数据雕刻的最佳实践手册正在起草中(Casey, 2011; Scientific Working Group on Digital Evidence, 2014)。

图 3-3　提取手机芯片
图片来源：荷兰国家司法鉴定研究所

3.5　多媒体

"多媒体"一词(Manjunath et al., 2002)有多种含义,通常指文本、音频、静态图像、动画、位置和视频的组合。在数据分析中需要对所有这些特征进行综合分析。通常,在搜索数据时,综合利用图像、文本和位置信息对找出图片的创建时间和制作地点非常重要。当然,在法庭科学领域,人们必须意识到,数字信息很容易被篡改。有时候,法院会提出图像数据是否被篡改的问题,大家称之为图像鉴定。图像鉴定可以进行自动化检验。然而,对于诉讼案件,应尽可能进行人为检验。因为尽管自动化检验方法可以协助检验并减少检验时间,但是自动化检验也可能出现错误。自动化检验建议遵循最佳实践手册,如欧洲法庭科学研究所联盟及图像技术和数字证据科学工作组发布的相关最佳实践指南。

3.5.1　深度学习（Hinton et al., 2006）

在 20 世纪 90 年代,神经网络(Geradts and Keijzer, 1996)已经被用于人脸识别和鞋印比对。与此同时,图形处理单元(graphical processing unit, GPU)的计算能力也大幅提升,因此运用多层神经网络的深度学习方法就具有可行性。针对高质量图像的人脸识别和物体识别的算法取得了长足进步,目前已被执法机构使用。

人类虽然拥有一个非常好的视觉系统,但无法批量处理数千小时的视频,而计算机更擅长处理大批量图像和视频(Beck et al., 2014)。

当前,图形处理单元的发展使得多层神经网络学习成为可能,这些成果对高质量的图像来说检验效果很好。然而,对大多数图像鉴定案件而言,图像质量依然是个大问题。

关于人脸识别,人脸识别科学工作组已经编写了许多最佳实践指南①,其中也包含针对自动化系统的操作指南。该工作组建议对人像鉴定人员进行一定的教育培训并提供了一套人像特征列表。

在多媒体数据检验中,对受损数据的恢复检验非常重要(Grigoras, 2010)。有时候,为了对视频和音频进行数据恢复,部分文件会被删除。但是,随之而来的就是证据的完整性和可靠性问题。

一些自动化检验方法已经用于鉴定图像(Mishra and Adhikary, 2013)或音频(Koenig and Lacey, 2012)是否被篡改这样的问题中。然而,一旦一种检测方法被发现可在检测中使用,算法开发人员(Böhme and Kirchner, 2013)就可能开发出反取证方法,并且这些方法也是基于统计计算方法。要证明图像为篡改图像相对容易,尤其是存在原始图像资料的情况下。然而,要证明图像未被篡改就比较困难,有时甚至是不可能的。

据报道,基于音频信号中的电网频率(electric network frequency, ENF)变化来估计音频记录时间的方法已经用于法庭中(Grigoras, 2007; Huijbregtse and Geradts, 2009)。此外,通过使用光响应非均匀性(photo response non uniformity, PRNU)识别摄像机的技术也已广泛应用于证明图像或视频是否来源于特定相机或者是否由手机拍摄形成(van Houten et al., 2011)。

3.5.2 照相机识别

照相机识别是人们非常关注的一个研究领域(Lukas et al., 2006)。图像传感器在制造过程中的缺陷,以及照相机识别或光响应不均匀性特性等肉眼不可见的缺陷为照相机和图像之间建立了联系。通过使用算法从一系列图像或单个图像中计算出该缺陷模式,计算机可以构建出针对设备识别应用的模式数据库。

通过计算模式间的相关性,有时可以以较高的似然比推断特定图像来源于某传感器。案例工作中的后续验证仍然很重要,相关检验流程在实际案例中的应用已有报道。

---

① 原著作者注:https://www.fiswg.org/index。

设备识别方法也适用于视频(Chuang et al., 2011),并且可以用于一些案例中,如确定犯罪嫌疑人的照相机和儿童色情图片之间的关联性。同样,在其他犯罪中如凶杀案中,这似乎也是找到嫌疑人与被害人之间联系的可行证据。

即使儿童色情数据库中找不到照相机模式,也可以找到图像之间的联系(Gisolf et al., 2013)。当然,对所有模式进行比对非常耗时,因此,业界提出了几种方法来减少计算时间。

过去,我们在欧洲法庭科学研究所联盟框架内对不同实验室开展了多次能力验证,要求参加的实验室根据模式噪声来判断来源于特定集合中的照相机。在这些能力验证中,所有实验室均给出了正确的判断结果。

该方法似乎也适用于 YouTube 和 Facebook 等社交网络(Karaküçük et al., 2015)。然而,最近,光响应非均匀性信息似乎已被抹掉了。

3.5.3 其他生物识别技术

在儿童色情制品案件中,往往看不到嫌疑人的脸。这种情况下,我们可能需要对嫌疑人的手、脚和其他身体部位进行比对(Slot and Geradts, 2014)。与人脸比对检验相似,该比对检验过程由3位鉴定人员独立进行。

软生物识别技术仍处于研究阶段。然而,它们有时候在法庭上已被允许作为证据使用。

3.6 可穿戴设备和自我测量

从虚拟3D眼镜到手表、保健设备,可穿戴设备(Lillis et al., 2016)涵盖范围很广。可穿戴设备通常在佩戴人身上使用了很长时间,因此,它储存了许多位置信息和佩戴人在特定时间内的活动信息,照片和视频流大多会传输到云系统。

从系统中,我们可以收集包括佩戴人的心跳、呼吸模式、血压、步行、骑自行车和其他活动信息,这些信息也有助于法庭调查。随着人们产生的数据量日益增长,出于隐私和系统安全考虑,是否能把所有这些数据用于司法取证仍是个问题。这些信息甚至可以协助用于死亡时间调查。

3.7 无人机

无人机的销售量(Horsman, 2016)迅速增加。这些设备很有意义,但挑战在于你能从无人机上获取哪些数据。无人机还可以用于犯罪行为的实施,如攻击任务目标或空中抛物,并干扰正常的空中交通。

基于此,收集来自这些设备的时间、日期及提取设备所有者信息也很重要。无人机变得越来越容易使用,一些无人机甚至有“跟随我”等自动选项,不再需要人工操控。

3.8 传感器

移动设备上的传感器(Furner et al., 2015)正变得越来越便宜。正如我们所见的那样,只需要几百欧元而非过去的数千欧元就可以很容易地把红外传感器集成到移动电话上。此外,如今3D成像设备也变得越来越便宜,将其集成到智能手机上也指日可待。

3.9 地球观测卫星

随着高分辨率卫星成像系统的发展(Sansurooah and Keane, 2015),未来每隔几天就能采集一次全国影像信息,这对调查很有帮助。包括地理卫星在内的所有图像与位置信息的结合在数字取证中非常重要。但是,调查者应意识到,位置信息的不确定性和时间的同步性仍是需要考虑的问题。

3.10 灾难/大规模事件

如果发生大规模事件(Quintana et al., 2015)和灾难,我们可以从事故附近的设备和人员那里收集到许多图像和视频。所有这些图像和视频,同时结合电子数据和其他检验信息,都可以在法庭上成为证据。

3.11 质量管理体系

数字证据和图像技术科学工作组(SWGIT的Milliet et al., 2014; SWGDE的Pollitt and Craiger, 2014)已经发布了一些重要的最佳实践指南。另外,美国国家标准学会(American National Standard Institute, ANSI)的一些标准已经发布或者正在起草中。在过去的几年中,国际标准化组织(International Organization for Standardization, ISO)发布了一些有关数字证据操作及其分析和解释的指南①。新的 OSAC 关于数字和多媒体的工作主要包括以下内容(Butler, 2014)。

1）数字证据。

2）人脸识别。

3）说话人识别。

4）视频和影像技术与分析。

未来,这些 OSAC 将在证据质量提升方面发挥更大的作用。

3.12 挑战

首先,针对诸如银行系统和实时信息系统等核心系统的研究重点是如何对其进行有效的调查检验。关闭这些系统可能会导致巨大的经济影响,并且调查人员不可能复制这些系统的所有数据。通常情况下,调查人员可以通过现场取证方式来解决这个问题(Rahman and Khan, 2015)。

其次,云平台上的虚拟化或存储、网络和服务器的调查取证也存在许多问题(Martini and Choo, 2014),如数据的存储位置、管辖权及信息所有权等。云计算也存在许多挑战,因为需要依靠云计算供应商提供所有证据,上述证据也可以用于法庭。到目前为止,法院对时间戳的可靠性也一直存在争议(Dykstra and Sherman, 2012)。

再次,许多犯罪分子意识到电子数据会被法庭利用(Dalziel, 2014)。基于此,他们经常会使用加密和一次性设备来保护其身份信息和所存储的数据。此外,安全的云计算网络(如 Tornets)也被广泛使用,这些网络有时被称为暗网,尽管匿名网络通信系统的用户是合法的。

目前存在的一个突出问题就是数据量呈指数增长,与之相比,法庭科学实验室的预算却少得可怜。接受国际刑事法庭(International Criminal Tribunal, ICT)专业教育的学生数量仍然很少,因此实验室要掌握最新方法和技术并不容易。同样,要维护一个工作团队也是一项挑战(Siiman et al., 2014)。

另外,数字和多媒体证据的解释并不总是那么容易。司法鉴定人应该意识到复杂的新方法必须在法庭上给予科学的解释,这意味着检验过程中应小心避免出现误解和偏见。

随着数字技术使用的人数越来越多及应用范围越来越广(Bendovschi,

① 原著作者注：ISO/IEC 27037：2012, ISO/IEC 27042：2015.

2015)，可以预见网络犯罪对社会的影响力将更大。在国际交流中，应重视国际的方法交流并开展各种合作以跟踪最近的技术进展。

（曾锦华 译）

本章参考文献

Beck, J., Hope, B., and Rosenfeld, A. (eds.) (2014). *Human and Machine Vision*, vol. 8. Academic Press.

Bendovschi, A. (2015). Cyber-attacks-trends, patterns and security counter-measures. *Procedia Economics and Finance* 28: 24 – 31.

Böhme, R. and Kirchner, M. (2013). Counter-forensics: attacking image forensics. In: Sencar H., Memon N. (eds) *Digital Image Forensics*, 327 – 366. New York: Springer.

Butler, J.M. (2014). The national commission on forensic science and the Organization of Scientific Area Committees. In: *Proceedings of the International Symposium on Human Identification.* http://www.promega.com/products/pm/genetic-identity/ishi-conference-proceedings/25th-ishi-oral-presentations.

Casey, E. (2011). *Digital Evidence and Computer Crime: Forensic Science, Computers, and the Internet.* Academic Press.

Chuang, W.-H., Su, H., and Wu, M. (2011). Exploring compression effects for improved source camera identification using strongly compressed video. In: *2011 18th IEEE International Conference on Image Processing (ICIP)*. IEEE.

Dalziel, H. (2014). *Introduction to US Cybersecurity Careers.* Syngress.

Dehghantanha, A. and Franke, K. (2014). Privacy-respecting digital investigation. In: *2014 Twelfth Annual International Conference on Privacy, Security and Trust (PST)*. IEEE.

Dykstra, J. and Sherman, A.T. (2012). Acquiring forensic evidence from infrastructure-as-a-service cloud computing: exploring and evaluating tools, trust, and techniques. *Digital Investigation* 9: S90 – S98.

Furner, C.P., Racherla, P., and Babb, J.S. (2015). What we know and do not know about mobile app usage and stickiness: a research agenda. *International Journal of E-Services and Mobile Applications (IJESMA)* 7 (3): 48 – 69.

Geradts, Z. (2011). ENFSI forensic IT working group. *Digital Investigation* 8 (2): 94 – 95.

Geradts, Z. J. and Franke, K. (2015). Editorial for big data issue. *Digital Investigation* 15: 18 – 19.

Geradts, Z. and Keijzer, J. (1996). The image-database REBEZO for shoeprints with developments on automatic classification of shoe outsole designs. *Forensic Science*

International 82 (1): 21 - 31.

Gisolf, F., Malgoezar, A., Baar, T., and Geradts, Z. (2013). Improving source camera identification using a simplified total variation based noise removal algorithm. *Digital Investigation* 10 (3): 207 - 214.

Grigoras, C. (2007). Applications of ENF criterion in forensic audio, video, computer and telecommunication analysis. *Forensic Science International* 167 (2): 136 - 145.

Grigoras, C. (2010). Statistical tools for multimedia forensics. In: *Audio Engineering Society Conference: 39th International Conference: Audio Forensics: Practices and Challenges.* Audio Engineering Society.

Hinton, G.E., Osindero, S., and Teh, Y.-W. (2006). A fast learning algorithm for deep belief nets. *Neural Computation* 18 (7): 1527 - 1554.

Horsman, G. (2016). Unmanned aerial vehicles: a preliminary analysis of forensic challenges. *Digital Investigation* 16: 1 - 11.

van Houten, W., Alberink, I., and Geradts, Z. (2011). Implementation of the likelihood ratio framework for camera identification based on sensor noise patterns. *Law, Probability and Risk* 10 (2): 149 - 159.

Huijbregtse, M. and Geradts, Z. (2009). Using the ENF criterion for determining the time of recording of short digital audio recordings. In: *Computational Forensics*, 116 - 124. Berlin, Heidelberg: Springer.

Karaküçük, A., Dirik, A.E., Sencar, H.T., and Memon, N.D. (2015). Recent advances in counter PRNU based source attribution and beyond. In: Proceedings of SPIE — The International Society for Optical Engineering, 9409. https://doi. org/10. 1117/12.2182458.

Kloosterman, A., Mapes, A., Geradts, Z. et al. (2015). The interface between forensic science and technology: how technology could cause a paradigm shift in the role of forensic institutes in the criminal justice system. *Philosophical Transactions of the Royal Society* B370 (1674): 20140264.

Koenig, B.E. and Lacey, D.S. (2012). Forensic authenticity analyses of the header data in re-encoded WMA files from small Olympus audio recorders. *Journal of the Audio Engineering Society* 60 (4): 255 - 265.

Kurzweil, R. (2005). *The Singularity Is Near: When Humans Transcend Biology.* Penguin.

Lillis, David, Brett Becker, Tadhg O'Sullivan, Mark Scanlon Current Challenges and Future Research Areas for Digital Forensic Investigation. arXiv: 1604.03850 (2016).

Lukas, J., Fridrich, J., and Goljan, M. (2006). Digital camera identification from sensor pattern noise. *IEEE Transactions on Information Forensics and Security* 1 (2): 205 - 214.

Manjunath, B. S., Salembier, P., and Sikora, T. (2002). *Introduction to MPEG - 7:*

Multimedia Content Description Interface, vol. 1. Wiley.

Martini, B. and Choo, K.-K.R. (2014). Cloud forensic technical challenges and solutions: a snapshot. *IEEE Cloud Computing* (4): 20 - 25.

Milliet, Q., Delémont, O., and Margot, P. (2014). A forensic science perspective on the role of images in crime investigation and reconstruction. *Science and Justice* 54 (6): 470 - 480.

Mishra, M. and Adhikary, M.C. (2013). Digital image tamper detection techniques — a comprehensive study. *International Journal of Computer Science and Business Informatics* 2 (1): 91 - 102.

Nikkel, B.J. (2014). Fostering incident response and digital forensics research. *Digital Investigation* 11 (4): 249 - 251.

Pollitt, M. and Craiger, P. (2014). Educating the next generation of cyber- forensic professionals. In: *Advances in Digital Forensics X*, 327 - 335. Berlin, Heidelberg: Springer.

Popejoy, A. L. (2015). Digital and multimedia forensics justified: an appraisal on professional policy and legislation. Dissertation University of Colorado Denver.

Quintana, M., Uribe, S., Sánchez, F., and Álvarez, F. (2015). Recommendation techniques in forensic data analysis: a new approach. In: *6th International Conference on Imaging for Crime Prevention and Detection (ICDP - 15)*. IET.

Rahman, S. and Khan, M.N.A. (2015). Review of live forensic analysis techniques. *International Journal of Hybrid Information Technology* 8 (2): 379 - 388.

Sansurooah, K. and Keane, B. (2015). The spy in your pocket: smartphones and geo-location data. In: *13th Australian Digital Forensics Conference*, Western Australia, 4 - 18.

Scientific Working Group on Digital Evidence (2014). *SWGDE Best Practices for Handling Damaged Mobile Devices (Draft)*. SWGDE.

Siiman, L.A., Pedaste, M., Tõnisson, E. et al. (2014). A review of interventions to recruit and retain ICT students. *International Journal of Modern Education and Computer Science (IJMECS)* 6 (3): 45.

Slot, A. and Geradts, Z.J.M.H. (2014). The possibilities and limitations of forensic hand comparison. *Journal of Forensic Sciences* 59 (6): 1559 - 1567.

Whitcomb, C. (2002). An historical perspective of digital evidence. *International Journal on Digital Evidence* 1 (1): 8 - 20.

Zuech, R., Khoshgoftaar, T.M., and Wald, R. (2015). Intrusion detection and big heterogeneous data: a survey. *Journal of Big Data* 2 (1): 1 - 41.

第 4 章
司法工程学前瞻

Thomas L. Bohan
司法鉴定专业认可委员会,AAFS,科罗拉多斯普林斯,美国

"未来":序

鉴于我的任务是展望司法工程学的未来,因此我开始思考"未来"这个词到底意味着什么。作为一个在20世纪40~50年代长大的男孩,热爱科幻小说的我对"未来"一词非常敏感,我确信"未来"的世界将与"现在"的世界截然不同。在"未来"世界中,当回忆起我的童年时,我可能会说:"哇,这真的很不一样,这绝对就是未来。"也许,65年后回首往事,我会说:"哇,真的不一样了,与我年轻时的世界截然不同。"但是,我也可能会说:"现在让我觉得'是的,这就是未来'的因素中,没有一个与我小时候在报刊上看到的预言或脑海中所预想出来的图像一样。"

因此,本章内容并非是从我的个人想象中主观臆测司法工程学的"未来"发展,而是要解决司法工程学领域所面临的实际问题,首先是法庭上刑事司法系统存在的既有缺陷,其次是法庭以外所迫切需要的司法工程学技术。

4.1 法庭上的垃圾法

司法系统的缺陷归根结底在于其未能认识到无法在内部解决科学的有效性问题,但又始终锲而不舍地追求解决方案,因而使问题越来越复杂。一些思考人士认为,在多伯特(Daubert)①之前,美国联邦最高法院漫长的发展史中关于科学证据采信的第一个决定是将一本介绍"垃圾科

---

① 原著作者注:Daubert 诉 Merrell Dow Pharmaceuticals 公司,《最高法院判例汇编》第 113 卷,第 2786 页(1993 年)。

学”的书引入公众视野(Huber, 1991)①。这本书不是由科学家撰写的,而是由一名产品责任诉讼中的被告辩护律师所写。书中所述的“垃圾”性是有选择性的,仅限于产品责任原告提供的专家证词(Lederer and Burdick, 1958)。此外,书中也并没有提到刑事诉讼中的专家证词,因为在刑事审判中风险和责任要大得多。

如果询问科学家什么是“垃圾科学”,你会得到五花八门的答案,如冷聚变(Taubes, 1993)、晶体治疗、N 射线和永动机。事实上,上述内容都是通过新闻发布会发布或者由政治家发布,而非通过同行评议的出版物公开发表。或者,类似于聚合水②一类的物质,尽管发表了很多文献,但最终让首次报道它的科学家感到非常尴尬——尤其是那些随声附和的科学家。因为聚合水除了在一家俄罗斯制造商的毛细管中被证明能够复制外,在其他任何地方都无法复制[National Academy of Sciences, National Academy of Engineering (US), and Institute of Medicine (US) Committee on Science, Engineering, and Public Policy, 2009]。这些都是“垃圾科学”(“病态科学”)的例子。与之呼应,根据一个从未得到科学证实的理论向陪审团提供专家证词的方法就是垃圾法。

法学院一年级的法学教材就告诉大家:提供证据的一方有责任确保证据的可靠性。法官允许检察官向陪审团提供专家证词,而这些证词很多时候并不能被证明是由有效的理论或技术产生,这让法庭充满了垃圾法③。随着 DNA 鉴定的诞生,人们发现垃圾法已经导致或促成数百名被指控犯有滔天罪行的无辜者被监禁(Garrett and Neufeld, 2009)。此外,可以推断,还有数千名未经 DNA 鉴定的被监禁者可能是无辜者。显然,这些错误定罪的揭露推动了美国国家研究委员会报告的编写工作(National Research Council, 2009),该报告也一直在持续改变着美国司法鉴定的现状和前景[讽刺的是,国家科学院报告最终的主旨和产生的影响与当初游说国会资助它的人所寻求的目的截然不同(Bohan, 2010)]。

垃圾法的存在是对抗式司法系统所固有的,而并非因审判法官没有履行多伯特(Daubert)所赋予的“看门人”角色的过错所致。对于律师来说,

① 原著作者注:Huber 的书一直被作为“垃圾科学”引用,尽管引用这个词语的人可能从未读过该书。这让人想起曾被数百万人使用的贬义词“丑陋的美国人”,他们并不知道这不是指恶棍,而是专指小说中的主人公。

② 译者注:聚合水是一种典型的、现代的实验性人工制品的例子,它在最后被仪器分析和理论分析推翻前曾是人们研究和关注的热点。

③ 原著作者注:法官同样允许辩护律师这样做。自 Frye 规则以来,法院更擅长排除辩护方提出的有缺陷的科学证据。

并没有动力主动去把专家证词转变为证据并去探究证词的科学基础。恰恰相反,在缺乏证据的情况下,若当事另一方对证词的采信提出反对意见时,辩护律师反而会极力向法官主张采信。在大多数情况下,既没有教育背景也没有专业知识的法官往往都会接受证词,同时让同样不具备专业背景的陪审团衡量证词的"分量"。这一现象解释了编写美国国家科学院报告的主席(尽管他是一名具有审判经验的联邦法官)得知传统司法鉴定实践缺乏科学验证时会感到多么震惊①。经过4年的筹备,美国国家科学院的报告断言,除了DNA鉴定之外,没有任何犯罪实验室的司法鉴定经过了科学验证。

值得注意的是,在美国国家科学院报告中提及的唯一经过科学验证的犯罪学实验室也是唯一一个从科学研究实验室转换到犯罪学实验室的范例。只有在法庭之外才能确认司法鉴定实践或基于这些实践的专家证词是否有效,这个有效性很可能比传统上所认为的有效性的范围更为狭隘,这是总统科学技术顾问委员会2016年报告的要义。该报告建议在对现行司法鉴定进行独立科学审查之前,停止接收现行的大部分相关证据②。

司法工程学从业者和一群提倡循证法医学的医生共同为被指控杀婴的人作证,他们的依据是一个从未被验证过的理论——摇晃婴儿综合征(shaken baby syndrome, SBS)③理论。笔者认为,如果这个理论被认为是假的,那么回顾一下,我们就会发现,我们正处于一场库恩(Kuhn)范式理论(Kuhn, 1962)④的"科学革命"之中。

随着1997年"Louise Woodward杀婴案"的宣判⑤,关于SBS理论和其科学有效性的争议得到了公众的普遍关注(Haberman, 2015)。为Woodward辩护的都是著名的医生和研究人员,包括神经外科医生、脑外伤专家和国家卫生研究院神经外科主任Ayub Ommaya博士,以及宾夕法尼亚大学生物工程学院院长、生物力学工程师Lawrence Thibault博士(Holly, 2008)。有一部关于SBS理论的纪录片*Syndrome*(Goldsmith, 2014)中播放了审判Woodward的大量镜头,其中包括了控方专家证人的

① 原著作者注:Harry T. Edwards法官对作者的个人评论(Personal comment to author from Judge Harry T. Edwards),2009年4月。

② 原著作者注:https://obamawhitehouse.archives.gov/blog/2016/09/20/pcast-releases-report-forensicscience-criminal-courts[2017-1-30]。

③ 译者注:摇晃婴儿综合征简称SBS,是指婴儿因受到持续摇晃而对其脑部产生损害的一组综合征。

④ 译者注:库恩范式理论是由库恩(Kuhn)提出的理论,内容为科学变革不是知识的直线积累,而是一种创新和飞跃,是一种科学体系的革命。

⑤ 译者注:被告Louise Woodward最终被判犯有"过失杀人罪",而不是曾经引起争议的"二级谋杀罪"。

证词,如神经放射科医生 Patrick Barnes 博士,他后期与哈佛医学院开展了多项合作。Barnes 博士①在纪录片 *Syndrome* 中说,Woodward 判案后,他阅读了 SBS 机制的生物力学和其他学科文献,并意识到他不应坚持在医学院所学到的那套关于 SBS 的知识②。1998 年末,笔者也有过类似的顿悟。那年,笔者曾受邀参加美国物理研究所的“物理学访问科学家”项目,并在博伊西州立大学发表演讲。该大学物理系主任邀请笔者回顾 SBS 理论的文献,并介绍支持该理论的相关物理证据。然而,笔者发现该理论并没有科学支持,整个文献都是由一个猜想组成③。接着,作者们相互引用这个猜想并介绍他们的“临床经验”。尽管如此,自 1995 年以来,SBS 理论已被用于对数百名之前没有犯罪记录的人判处长期监禁甚至死刑(Hoffberger, 2016)。在此期间,即使缺乏科学依据,司法工程学从业者与病理学家和其他在牛顿定律的基本应用方面知识丰富的医生都在撰写文献以证明 SBS 理论是正确的。而且,考虑到在对抗式诉讼体制中解决科学问题的需要,他们还通过摇动和跌落试验来测量对新生婴儿模型的作用力。

SBS 理论在犯罪学中地位独特,因为它既能证明犯罪已经发生,同时又能识别罪犯。SBS 死亡的婴儿表现出视网膜出血、硬膜下血肿和脑肿胀(“三要素”)(Tuerkheimer, 2014)。该理论的支持者声称,这个婴儿是被最后一个抱着并不停摇晃他的人杀死的。这一理论假设受害婴儿没有受到其他伤害,特别是没有受到颈部伤害。事实上,现实判例中也存在“三要素”中的两个要素缺失的情况,如仅因为婴儿的视网膜出血,婴儿的看护人就被审判的情况。

2004 年,司法工程学部门赞助了一个关于 SBS 理论和头部创伤生物力学的 AAFS 研讨会(Lantz and Bohan, 2004)。那一年,在 SBS 理论支持者和那些声称它没有科学依据的人之间已经形成了一个清晰的界限。前者完全由医生组成,不包括工程师和物理学家,现在仍然如此。相比之下,后者由倡导循证医学的医生④及工程师和物理科学家组成,其中还包括一

① 原著作者注:斯坦福大学医学中心儿科放射学教授兼主任。

② 原著作者注:*Syndrome*(个人信息披露:笔者在纪录片中出现了几秒钟)。

③ 原著作者注:Richard Reimann 博士的个人交流,他目前是 AAFS 司法工程学部的成员。这促成了笔者 1998 年 12 月在博伊西州立大学 *Shaken Baby Syndrome: A Critical Review* 的演讲。

④ 原著作者注:其中有数百名国内外的医生,包括 AAFS 法医病理学科的几名研究员。其中许多出现在 2015 年的纪录片中(Goldsmith 同前。个人信息披露:笔者在纪录片中出现了几秒钟)。

些 AAFS 司法工程学部门会员。以上参见 Lee 和 Lloyd 近期的总结报告(Lee and Lloyd, 2016;另见其中引用的 Lloyd 等 2011 年的文章)。

通过对过去 10 年的法庭判例和专业文献分析,SBS 理论的支持者和反对者一直各执一词。无论是基于牛顿定律还是基于实验,都没有一个论点能够动摇其他一方的任何成员,其态度反映在一些宣誓证词中。例如,生物力学研究的全部意义在于创建出我们“知道正在发生”的事情……生物力学模型尚不能重现自然发生的事情……一旦这些生物力学模型创建出我们“知道正在发生”的事情,这对我们来说将非常有价值……(强调部分补充)①。

尽管这种态度与科学方法背道而驰,但无论如何,这可能只不过是科学家们的固执,他们坚守 Kuhn 关于科学变革模型中的“旧范式”理论。当然,SBS 理论的依从性与其一样严重。Kuhn 只看到了科学变革的两个方面②,而 SBS 理论变革——当基于 SBS 的证词与基于“子弹引线分析”(National Research Council, 2004)、“声纹”(National Research Council, 1979)和“神断法”(Bohan, 2009)的证词一起被禁止进入法庭时——其将面临“四面楚歌”的局面。

Kuhn 于 1962 年发表的论文在出现后的短短两年内就主导了科学哲学的思维(在此过程中,“范式”和“范式转换”两个词几乎进入了英语国家的每一个角落),该理论通过颠覆“科学是如何演进的”这一观点来实现目标。他强调即使一个理论被取代,也很难让其追随者立刻放弃。Tuerkheimer 最早发表了关于库恩(Kuhn)科学变革模型③中的内在联系的论述(Tuerkheimer, 2009; Tuerkheimer, 2014)。

4.2 司法工程学④和当代世界的需求

司法工程学从业者包括火箭科学家、物理学家、医疗设备设计师、交通工程师、化学家、开发人员和材料测试人员、火灾调查员、环境工程师等,事

① 译者注:由 Jill Glick 提出。Jill Glick,医学博士,芝加哥大学儿科教授,其在 2009 年 2 月 19 日在伊利诺伊州易洛魁县 Fleming 诉 Reiken 一级谋杀案中为控方作证。

② 原著作者注:在库恩(Kuhn)范式理论中,即使一种新范式(从根本上说是一种科学理论)比旧范式能更好地解释实验结果,高年资的科学家也仍然坚持旧范式。Kuhn 对科学哲学的贡献是指出即使在面对证据的前提下,说服这个群体(“一方”)改变其信仰也很困难,对应的“另一方”则指那些采用新范式的人。

③ 原著作者注:即库恩(Kuhn)范式理论,同前文。

④ 原著作者注:司法工程学是 AAFS 的一个分支,包括所有传统工程领域及应用于司法鉴定实践的物理科学。

实上，其几乎涵盖工程专业和物理科学的所有类别。因此，在整个 20 世纪，司法工程学从业者们参与了由产品设计制造商、公众和法律界共同组织的三方共舞，这一模式影响了我们生活的方方面面。

大规模的生产向公众输送了数千万种产品，某些产品的缺陷导致出现了伤害和死亡诉讼案件。按照司法鉴定专家和法律人士的反馈意见，某些产品被要求重新设计以减少或消除这些缺陷。新设计本身会有缺陷，但是经过一个多世纪的运行，这个过程极大地促进了社会安全，由此产生了一个完整的迭代过程。因此，这种三方共舞进入并贯穿整个 21 世纪，且仍将继续。随着电子监控和控制系统的发展，我们的世界产生了质的变化。公众很清楚其中的一些监控手段并且对政府的监控有不同程度的反感，如机动车中的“黑匣子”①、秘密收集用户数据的网站等。很多方面已经远远超越了我们的想象：微处理器系统跟踪和控制我们的飞机和汽车（如向各个车轮固定地分配功率以增强方向的稳定性）、通风系统、外科手术、通信、摄像机等。据报道，这些系统现在还用于非常个性化的活动中，如冲浪和那些更私密的活动（Silverman, 2016）。微处理器连接的控制器以数据为基础，它们产生数据，但偶尔也会出现故障，如飞机坠毁、手术套房着火、软件设计的建筑物和高速公路导致的伤害等。由于电子监控、产品设计控制系统发挥越来越重要的作用，解决由这些故障引起的未来民事纠纷将更加需要司法工程学从业者，其需求程度远远超过 20 世纪的产品责任诉讼。

另一个崭新的司法鉴定工程技术应用领域是打击恐怖主义，如保障公共场所的环境安全②。尽管反恐仍然是司法工程学的小众专业，但在未来的几年里，司法工程学从业者有望为世界和社会做出最重要的贡献。这里有必要举几个例子。

1）我们一直怀疑安装多重侵入装置会对空中安全产生影响，但这是目前我们接受的登机安检的前置条件。毫无疑问，有多个工程学技术参与并构成了这种入侵装置的组成部分，如“电话亭”（phone booths）装置。按照最初的规划设计，经过“电话亭”扫描后，系统会出现一个接一个的乘客裸体手举头顶的图像。现在，经过软件的修改和优化，经由一个程式化的

① 原著作者注：自 20 世纪 90 年代末以来生产的所有汽车都装有碰撞数据记录器，其中包含汽车速度等信息。在事故之前的一段时间内，大量信息被存储用于随后的检索。“黑匣子”这一名称是从飞机上飞行数据记录器的非正式名称沿用而来。

② 原著作者注：恐怖主义最早可以追溯到 19 世纪，第一次出现时使用炸药致数十人伤亡。过去，这类事件很罕见，而且多是孤立的。现在，我们所指的恐怖主义多是一种持续、不断的活动。现代技术的运用使得一次事件的伤亡人数可多达数千人。

人体来解决扫描图像不够端庄的问题。但其同时也带来了衍生问题，即扫描时除了他或她的衣服之外还会伴随着哪些信息。

2）最近，布鲁塞尔和伊斯坦布尔机场的恐怖袭击①发生之后，我们需要重新思考空中乘客的整体安全问题。与此同时，另一项更重要领域的基础工作仍有待优先考虑，但很可能最终才会采取措施。笔者所指的是，在每天通过世界各海港运输的数百万吨货物中，发现如手提箱炸弹之类物品的技术手段在不断发展。早在 2001 年 9 月 12 日，其威胁就被认为比携带炸弹的空中乘客的威胁大得多，但这一威胁迄今依然未能得到有效解决。技术上的瓶颈是如果辐射是来自钚的低水平 α 辐射时，运用辐射手段监测货船并不是行之有效的方法。然而，尽管这是目前国家对货船运送的恐怖袭击防御的薄弱环节，但也是迄今唯一的方法（Brill, 2016）。此外，每天都有数十亿封邮件通过邮局，进入社区和商业中心。司法工程学亟须一种非侵入性、即时的手段来探测那些谈及生物武器的邮件，并找到可疑恐怖分子正在使用这些邮件的证据。鉴于现有的电子通信监视的成效显著（在司法工程学的协助下进行），通过国际邮政服务比通过互联网更容易制造和促成恐怖袭击。因此，一些司法工程学家目前正努力开发一种信封快速扫描方法，以寻找可疑恐怖分子的 DNA 特征。

随着潜在的恐怖分子在社交媒体上的公开交流不再像以前那么自由和频繁，迈阿密大学的法医物理学家报告称，通过“深度挖掘”支持宗教极端主义组织的网站，他们正在开发早期预警算法，未来有望使基于互联网的恐怖袭击预警成为可能（Johnson et al., 2016; Belluck, 2016）。

致谢

感谢 AAFS 司法工程学部的 Adam Aleksander 博士、Peter Alexander 博士、James Hyzer 博士、David Pienkowski 博士、Walter Goldstein 博士及法医病理学部的 John Plunkett 博士和 Jan Leestma 博士提供的建议和帮助。

（何晓丹 译）

---

① 译者注：2016 年 3 月，布鲁塞尔机场发生恐怖袭击；2016 年 6 月，伊斯坦布尔机场发生恐怖袭击。

本章参考文献

Belluck, P. (2016). Fighting ISIS with an Algorithm, Physicists try to Predict Attacks. *The New York Times* (16 June).

Bohan, T.L. (2009). *Crashes and Collapses.* Facts on File, 313 pp + xxi, at 16.

Bohan, T.L. (2010). Review of strengthening forensic science in the United States: a path forward. *Journal of Forensic Sciences* 55: 560 – 564.

Brill, S. (2016). Is America safer? *The Atlantic Monthly* (September).

Garrett, B. L. and Neufeld, P. J. (2009). Invalid forensic science testimony and wrongful convictions. *Virginia Law Review* 95: 1 – 97, at 15.

Goldsmith, M. (2014). *The Syndrome.* Los Angeles: ReSet Films.

Haberman, C. (2015). Shaken baby syndrome: a diagnosis that divides the medical world. *The New York Times* (13 September).

Hoffberger, C. (2016). Death watch: shaken science. *The Austin Chronicle* (17 June), 35 (42).

Holly, J. (2008). Ayub K. Ommaya, 78; neurosurgeon and authority on brain injuries. *Washington Post* (14 July).

Huber, P. W. (1991). *Galileo's Revenge: Junk Science in the Courtroom.* Basic Books.

Johnson, N. F., Zheng, M., Vorobyeva, Y. et al. (2016). New online ecology of adversarial aggregates: ISIS and beyond. *Science* 352: 1459 – 1463.

Kuhn, T. S. (1962). *The Structure of Scientific Revolutions.* Chicago: University of Chicago Press.

Lederer, W. and Burdick, E. (1958). *The Ugly American.* New York: W.W. Norton.

Lee, W. E. III and Lloyd, J. D. (2016). Biomechanical, epidemiologic, and forensic considerations of pediatric head injuries. In: *Forensic Epidemiology* (ed. M. Freeman and M. Zeegers), 231 – 259. Academic Press.

Lloyd, J.D., Willey, E.N., Galaznik, J.G. et al. (2011). Biomechanical evaluation of head kinematics during infant shaking versus pediatric activities of daily living. *Journal of Forensic Biomechanics* 2: 1 – 9.

National Academy of Sciences, National Academy of Engineering (US) and Institute of Medicine (US) Committee on Science, Engineering, and Public Policy (2009). *On Being a Scientist: A Guide to Responsible Conduct in Research*, 3e. Washington, DC: National Academies Press.

National Research Council (1979). *On the Theory and Practice of Voice Identification.* Washington, DC, 174p.: The National Academies Press.

National Research Council (2004). *Forensic Analysis: Weighing Bullet Lead Evidence.* Washington, DC: National Academy Press.

National Research Council (2009). *Strengthening Forensic Science in the United States: A Path Forward.* Washington, DC, 328 pages plus xx: The National Academies Press.

Silverman, J. (2016). All knowing. *The New York Times Magazine* (19 June).

Taubes, G. (1993). *Bad Science: The Short Life and Weird Times of Cold Fusion.* New York: Random House.

Tuerkheimer, D. (2009). Science-dependent prosecution and the problem of epistemic contingency: a study of shaken baby syndrome. *Alabama Law Review* 62 (3): 513-569, at 558.

Tuerkheimer, D. (2014). *Flawed Convictions: "Shaken Baby Syndrome" and the Inertia of Injustice.* New York: Oxford University Press.

Patrick E. Lantz and Thomas L. Bohan. 2004. Forensic science, evidence based medicine, and the "Shaken Baby Syndrome". *Proceedings, American Academy of Forensic Sciences*, Annual Meeting, Dallas, Texas (16 - 21 February), p. 12, AAFS, Colorado Springs, CO.

第 5 章
综合部门的历史：考察两个子学科并综述标准、认证和教育

John E. Gerns
AAFS，科罗拉多斯普林斯，美国

5.1 引言

未来，综合部门所代表的各个司法鉴定学科均需要制订新的标准，以确保技术的科学有效性，并能够应对司法系统所面临的各种挑战。本章将集中探讨综合部门的两个子学科，并阐明和强调其重要性。这两个子学科分别是法医死亡调查和动物医学司法鉴定。此外，本章还简要回顾了司法鉴定相关的多个政府部门及其对司法鉴定学科发展所产生的影响，特别是对法医死亡调查所产生的影响。

综合部门是 AAFS 内最具多样性学科专业的部门，从会计学到动物医学共包含 15 个司法鉴定学科专业，所有这些专业都可以帮助解决与调查或诉讼有关的问题。自 1968 年成立以来，综合部门便立足于将新学科纳入学会内，并致力于与同学会成员和整个司法鉴定学界分享知识、经验和技术。

综合部门的成员们坚信他们代表着 AAFS 的现在和未来。1953 年，他们还只是 AAFS 的“普通”成员，如今已经变成了 AAFS 的“守门人”。正是在综合部门全体成员的不懈努力下，司法鉴定专业知识首次得到了确认，并在通过关键评审之后得到了认可，从而逐渐体现了 AAFS 的完整性。1973 年，法医人类学首次纳入综合部门。2008 年，数字和多媒体学科纳入综合部门。这些新加入学科的最终目标能从综合部门中独立出去，并创建为一个独立的学科。鉴于综合部门的成员在建立新的司法鉴定学科方面严肃而认真，1990 年，综合部门被 AAFS 认定为“学会之母”。最新纳入的学科是动物医学司法鉴定，该学科通过复原、鉴定和检查那些不人道的破坏、虐待或非法买卖动物或其器官的物证，聚焦和改善动物的健康和福利。在执业动物医生的监督下，动物医学司法鉴定专家和技师对动物进行医学检验，治疗或诊断动物的疾病和损伤（动物医学司法鉴定，

G. Pusillo博士，简报和个人通信）。

5.2　动物医学司法鉴定

我们一般所指的动物医生是指能够诊断动物的疾病，为患病动物提供医疗协助的专门性医生。但正如医生诊治过的儿童患者一样，有时候患者病因可能为虐待行为。此时，医生需要向有关当局报告潜在的虐待行为，以便有关当局进行调查，以保护儿童患者不受进一步的伤害。同样，动物医生也有相应的虐待行为报告要求。根据美国动物医学协会（American Veterinary Medical Association，AVMA）2010 年 10 月 1 日发布的数据，14 个州已经强制要求动物医生就疑似虐待动物或斗兽的行为向有关部门提交报告，目前已有 6 个州自愿提交报告（Arkow et al.，2011）。动物医学司法鉴定是专门负责开展调查并确定动物的疾病、损伤或死亡原因的学科。同时，这门学科还涉及与其他多个领域的专家协作，包括营养学、医学、生产学、遗传学、行为学、病理学、生理学、畜牧业、生物化学和动物福利学等。Pusillo 博士指出："动物医学司法鉴定需要各个领域专家的共同协作。"

本章以商业动物的生产为例进行阐述。商业动物生产包括动物饲养的多个子范畴：人类消费行为，羊毛等毛皮和鹿角的生产，动物表演活动，种畜销售，供疫苗研发、药物研究及专门提供尿液和血液的实验对象，宠物及服务型动物。对上述产业类别中的任何一类动物开展虐待指控调查，都需要大量经过培训且经验丰富的动物医学司法鉴定专业人士加入。虐待动物也受到媒体的广泛关注。

此外，虐待动物调查可能包括对家养宠物、牛、羊及马等大型动物的虐待调查。一项成功的虐待行为调查需要鉴定人经过相关领域的教育和培训，并具备相关经验。按照 Pusillo 博士的说法，调查员应该拥有畜牧业、生产学、营养学和生理学的学士、硕士或博士学位，另外还应有至少 10 年的工作经验。此外，调查员还应该具有论文撰写能力、数据解释能力，以及 5 年以上的专家证人经历和将调查知识结合法律实践的经验。调查马匹虐待指控案件需要的不只是普通执业动物医生所具有的专业知识。以下是一项关于马匹虐待事件的调查抽样，从中可以看出哪类事件需要拥有马匹取证知识的专业人才：① 执法机构调查潜在的虐待马匹事件；② 保险公司调查高额投保马匹的非自然死亡事件；③ 客户指控饲料公司提供了不适当的马匹营养产品，从而导致马匹异常、功能下降甚至死亡；④ 为这些饲料公司提供保险的保险公司；⑤ 赛马场人员调查赛前或赛后测试中发现的非法物质。

动物医学司法鉴定也需要营养师的加入。虽然，营养师目前在 AAFS 中数量不多，也不具有代表性，但他们在动物福利方面发挥着关键作用。根据 Pusillo 博士的说法，动物每天都要吃喝，动物营养是确保商业动物健康、生产和福利最重要的一环。法医营养学家不仅要确定影响动物健康的因素，还要确定饮食失衡、污染物或添加剂对动物健康的最终影响结果。他们参与调查了大量动物死亡事件，确定哪些营养成分可能对食用动物性产品的人类产生有害影响；配合当地执法机关检验动物性食品是否受到蓄意投毒或污染；调查非法使用违反监管机构规定的营养补充剂；帮助确定动物是否食用了受污染的饲料。对于一名法医动物营养学家来说，他的日常工作通常是为特定物种配给口粮，这需要运用最新的营养知识和复杂的计算机程序，包括显微镜检查饲料样品，样品拍照和显微拍照，对留样和待检样品进行饲养试验，分析饲料样品中的营养素，分析饲料样品中的掺杂物、昆虫、霉菌、霉菌毒素或其他潜在污染物，检查进料设备是否适合物种和生产预期，检查储存设施和条件是否能确保饲料的安全和卫生，检查和测试饲料混合/分配系统是否满足物种和预期生产水平的最低标准，审查和记录所有对日粮喂养有影响的环境条件及检测水源。所有的这些工作也是后期调查工作的一部分。

如你所见，动物医学司法鉴定非常复杂，并一直处于动态的变化之中。同其他调查项目一样，动物医学司法鉴定需要调查人员综合运用多学科的专业知识才能成功解决虐待动物和营养不良的问题。同样，动物医学司法鉴定人非常热爱自己的工作，他们为了真理和正义而奋斗。正如 *Veterinarian's Oath*（美国）所载："值此加入动物医师职业之际，我庄重地宣誓：我会用我的科学知识和技术，保护动物健康和福利、减轻动物痛苦、保护动物资源、促进公共健康、发展医疗知识，为社会做贡献。我将秉持良心执业，保持尊严并恪守职业道德。我将把不断提升专业知识和能力视为我的终身职责。" AVMA 下设有 40 多个学科，其中既有专业学者也有动物医生（Arkow et al., 2011），AVMA 政策详见 www.avma.org/kb/policies/pages/default.aspx。

AVMA 共制定了 200 多项政策，规范并指导了 AVMA 日常工作，其范围涵盖虐待动物、人畜共患传染病等。这些政策大体可分为 3 类：为动物医生实践服务专业的指导政策，指导协会运作的内部行政政策，供其他与 AVMA 相关团体采用的政策。

AVMA 鼓励成员自愿遵守动物医学相关政策，这些政策都是由同行代表专门制定的。AVMA 政策不可取代法律和法规。AVMA 动物医学伦理原则是专有原则，违反其中任一条款都要接受 AVMA 纪律的处分。

众所周知，司法鉴定的许多专业学科都会创建学会，旨在使其成员有机会分享知识、接受培训、发展人际关系网络，帮助他们在专业学识和案件调查方面提升和发展。2008 年 5 月，美国防止虐待动物协会（American Society for the Prevention of Cruelty to Animals，ASPCA）和佛罗里达大学医学院梅普尔斯法医学中心达成合作，由美国防止虐待动物协会的 Randall Lockwood 博士和 Melinda Merck 博士及佛罗里达大学的 Jason Byrd 博士共同承办了一次动物医学司法鉴定学术会议。会上，大多数人投票赞成创立国际动物医学司法鉴定协会（International Veterinary Forensic Sciences Association，IVFSA），还将 IVFSA 定为一年一度的学术活动。

IVFSA 的职责是：① 通过开发最新的司法鉴定技术和犯罪现场处理技术，应对动物的虐待、忽视、搏斗和死亡情形，促进动物的健康、福利和安全；② 将司法鉴定技术应用到涉及动物的刑事犯罪和民事纠纷的法律调查中；③ 教导动物福利机构、执法部门、犯罪现场分析人员、法医科学家、动物医生、律师、法官和病理学家运用司法鉴定技术和犯罪现场处理方法应对动物的虐待、忽视、搏斗和死亡案件；④ 向执法和法律行业通报各种可用于解释动物相关犯罪物证的科学学科；⑤ 推动动物医学司法鉴定的发展（www.ivfsa.org/about）。

5.3　认证：简介

无论使用何种技术开展调查工作，只要该项技术要求采用既定的或公认的程序，调查人员在工作中就必须加以遵守。一方面，相关部门必须对新技术进行宣贯和培训，以确保调查人员能遵循既定标准使用新技术；另一方面，认证组织须确保公认标准纳入认证流程中。认证活动推动并促进了标准化进程。

5.4　认证——ABMDI

本章特别介绍美国法医死亡调查委员会（American Board of Medicolegal Death Investigators，ABMDI）的发展历史，以说明认证活动的重要性。

ABMDI 的发展与多个政府组织及其制定的政策方针之间关系密切,这些政策方针不仅赋予了 ABMDI 地位,还保障了 ABMDI 有足够的资金完成认证计划。

美国国家委员会研究报告(National Academy of Sciences, 2009)指出,未经相关认证,任何人和机构(无论是公立或私人机构)均不得在司法鉴定领域执业,亦不得作为专家证人提供证据。认证机构通过表彰在标准和最佳实践方面表现出色的个人,以增强司法鉴定行业技术人员履行工作职责的信心,由此促进司法鉴定标准化(Howe, 2011)。

ABMDI 成立于 1998 年,是一个非营利性、独立的专业认证委员会,旨在促进法医死亡调查员建立和实施最高执业标准。2005 年,ABMDI 首获司法法庭科学/司法鉴定专业认证委员会(Forensic Specialties Accreditation Board, FSAB)认证,并于 2010 年和 2015 年分别通过了复评审。目前,ABMDI 是唯一得到广泛认可的法医死亡调查员认证机构。

FSAB 的工作目标是建立完善的运行机制,以评估、认证和监督那些为司法鉴定专家提供个人认证的组织或专业委员会。虽然法医死亡调查员的认证程序已经建立,但是仍存在一些难题。例如,申请、审查、案件审理和维持认证所需的资金问题。尤其是对一些较小的司法管辖区而言,认证的费用通常需要由个人承担。

国家司法鉴定委员会(National Commission on Forensic Science, NCFS)成立于 2013 年,是美国司法部(Department of Justice, DOJ)下属的联邦咨询委员会。不同于其他的现有机构,NCFS 代表最广泛的利益相关方,包括司法鉴定从业方、可能受司法鉴定证据影响方及能够推动司法鉴定证据改进的各方代表。NCFS 就司法鉴定政策考虑事项向司法部长提交了建议书(https://www.justice.gov/archives/ncfs/page/file/959356/download)。2015 年 1 月,NCFS 建议司法部制定优先政策,将拨款优先用于法医死亡调查人员的认证工作,并建议在 2020 年底前完成全部法医死亡调查人员的认证(https://www.justice.gov/archives/ncfs/page/file/788026/download)。但目前[①]仅有 1 736 名已注册的 ABMDI 认证者和 225 名研究员完成认证,说明这一愿景还远未实现。

ABMDI 根据美国国家司法研究所 1999 年出版的 *Death Investigation: A Guide for the Scene Investigator*(2011 年再版)为具有法医死亡调查必备知识和技能的个人提供认证。

① 译者注:2015~2018 年。

20 世纪 90 年代初以来，司法鉴定各领域专家开始成立科学工作组（Scientific Working Group, SWG），共同致力于学科发展并自愿建立一致性标准。2011 年 3 月，在美国国家司法研究所（National Institute of Justice, NIJ）的资助下，依据与美国联邦调查局的机构间协定，科学工作组法医死亡调查（SWG Medicolegal Death Investigation, SWGMDI）正式成立，并一直运行到 2014 年。工作组成员来自地方、州或联邦机构、研究机构或社会团体。他们支持法医死亡调查工作，代表着法医、验尸官、法医死亡调查员在内的整个司法鉴定共同体。

2014 年，NIST 和司法部就加强美国司法鉴定学科的发展提出了一项倡议。根据这项倡议，SWGMDI 正式转变身份，成为司法鉴定 OSAC（OSAC，章程和规章制度）的一部分。

5.5 标准的演变——OSAC

司法鉴定 OSAC 的使命是促进科学可靠的司法鉴定标准的发展和促进司法鉴定共同体应用这些标准，从而加强对司法鉴定技术的运用。OSAC 由 NIST 负责管理，550 多名成员大多来自政府机关、学术机构和私营部门。这些成员的专业知识包含 25 个司法鉴定专业学科领域知识，以及测量科学、统计学、法律和政策学等领域的一般专业知识。

5 个科学委员会（Scientific Area Committee, SAC）覆盖了广泛的司法鉴定学科领域，并负责监督 25 个特定专业的小组委员会。小组委员会的任务是确认现有的高质量标准，敦促和协助标准开发、组织并制定新的标准。无论是新制定的标准还是现有的标准，都需要通过 OSAC 的标准审批流程进行流转。SAC 负责批准经过小组委员会确认的标准，当标准跨学科时，其负责协调。通过 SAC 批准后，标准须提交司法鉴定标准委员会（Forensic Science Standards Board, FSSB）进行最终审批（OSAC，参考文献）。

司法鉴定标准委员会负责监督 SAC 和小组委员会，以及制定政策和规则以确保标准的质量，并鼓励在司法鉴定领域应用这些标准。司法鉴定标准委员会管理标准组织的全面运作，审批待纳入 OSAC 登记的标准，更新和分发核准标准清单。司法鉴定标准委员会还负责审批成员提名，解决争端和上诉，参与国际司法鉴定标准相关事项（OSAC，司法鉴定标准委员会参考文献）。

5.6 标准的演变——ASB

AAFS 标准委员会(AAFS Standards Board, ASB)是经美国国家标准学会认可的标准开发组织,其使命是编制公开、高质量、科学的自愿一致性司法鉴定标准。AAFS 标准委员会成立于 2015 年,是 AAFS 的全资子公司,2016 年通过了美国国家标准协会的认可。AAFS 标准委员会由多个协商一致机构(consensus bodies, CB)组成,这些机构面向所有的利益相关方开放,包括个人、公司、组织、董事会等。AAFS 标准委员会的部分资金来自 Laura & John Arnold 基金会的赠款。

美国国家标准学会通过对标准开发组织(standards developing organizations, SDO)的工作程序进行认可,以促进美国国家标准(American National Standard, ANS)的发展。这些标准开发组织共同合作制定自愿一致性国家标准。通过美国国家标准学会的认可意味着标准起草机构在制定标准时所使用的程序符合学会对开放性、均衡性、共识性和正当程序的基本要求。

继 1995 年通过《国家技术转让与推动法案》[(*National Technology Transfer and Advancement Act*, NTTAA),公法 104 - 113]之后,相关机关鼓励联邦机构尽可能采用自愿一致性标准,并酌情参加自愿一致性标准编制活动。美国国家标准符合 NTTAA 的所有既定要求。

为了维持美国国家标准学会认可,标准开发人员须始终遵守关于自愿一致性标准制定流程的管理要求和程序,详见 *ANSI Essential Requirements*,美国国家标准正当程序要求详见 www.ansi.org/essential requirements。

正当程序是确保美国国家标准能在公平、可及和响应利益相关者各种要求的环境下制定标准的关键。开放、公正的美国国家标准制定过程可确保所有的利益相关方和受影响方都有机会参与标准制定。此外,美国国家标准学会认可的标准开发人员必须遵循基本要求和其他正当程序保障措施,这也有助于服务和保护公众利益(AAFS 标准委员会 001 号指南更新版,2018 年 3 月)。

5.7 教育认可

千里之行,始于足下。有兴趣从事司法鉴定工作的人无论分属于哪个专业,都应该从接受大学的基础高等教育开始做起。大学教育将为你未来的职业生涯打下坚实的基础,使你有实现职业目标的基本素养。选择学校时，最关键的是要确保自己能够接受最优质的教育。

司法鉴定学科教育项目认可委员会（Forensic Science Education Programs Accreditation Commission，FEPAC）的使命是通过对大学学术课程进行严格的评估和审查来提升司法鉴定学科教育的质量。FEPAC 的主要职能是制定和维护标准，实施能鉴别司法鉴定本科和研究生课程质量的认可活动。目前已有 35 个司法鉴定学科教育项目通过了认可。

1999 年，美国国家司法研究所发表了一篇文章，促成了 FEPAC 概念的提出（U.S. Department of Justice，1999）。美国国家司法研究所在其总结摘要中强调了司法鉴定领域的巨大培训需求，指出培训不仅要满足行业新手的教育需求，还要满足经验丰富的司法鉴定从业者的继续教育需求。无论他们是在实验室进行分析工作，还是在犯罪现场进行调查工作，“司法鉴定专家必须紧跟最新的技术、设备、方法和技术”。2001 年，美国国家司法研究所设立了司法鉴定学科教育与培训技术工作组（Technical Working Group for Education and Training in Forensic Sciences，TWGED），以进一步设法满足司法鉴定领域的培训需求。根据他们开展的司法鉴定教育与培训必要性研究，AAFS 成立了名为“司法鉴定教育项目认可委员会”的特设委员会，负责研究如何以最佳方式制订认可计划。2004 年，FEPAC 成为 AAFS 的常务委员会，并于同年 2 月通过了首次认可（AAFS FEPAC 认可标准，2003 年 5 月 16 日制定，2017 年 2 月 12 日修订）。

5.8　总结

AAFS 综合部门涵盖了多个司法鉴定专业。本章重点阐述了法医死亡调查和动物医学司法鉴定两个子学科，目的是强调司法鉴定学科的多样性。动物医学司法鉴定证明了新学科的复杂性及如何将其运用于调查过程。随着证据的分类、收集、保存和分析领域新技术、新方法的发展，当务之急是建立和完善管理机制，以确保对调查技术应用的合理管制。

同时，本章以 ABMDI 为例，说明了认证活动的重要意义。ABMDI 的演变奠定了其如今的地位，不同的政府组织在此过程中也不断地推动着 ABMDI 的发展。稳健的教育是一切工作的前提和基础，FEPAC 将继续评估和认可在司法鉴定学科教育方面表现优异的本科和研究生院。政府和专业组织不仅将通过研究、制定政策和标准来确保技术的准确应用，还将协助筹措资金，使司法鉴定专业人员有机会接受培训、通过各自领域内的认证认可，不断提升专业知识和技能。

致谢

感谢 Julie Howe 和 Pusillo 博士对本章内容的协助，两位的专业和奉献精神推动了调研和写作工作的开展，由衷地感谢他们的帮助。

（何晓丹　译）

本章参考文献

Arkow, P., Boyden, P., and Patterson-Kane, E. (2011). *Practical Guidance for the Effective Response by Veterinarians to Suspected Animal Cruelty, Abuse and Neglect.* AVMA.

Howe, J. (2011). Professional certification for medicolegal death investigators — ABMDI. *Academic Forensic Pathology* 1 (4): 348 - 355.

National Academy of Sciences 2009. Strengthening Forensic Science in the United States: A Path Forward. http://www.nap.edu/catalog/12589.html.

OSAC. Charter and Bylaws. Date of issue: 4 April (2018)./Version 1. 4/Issuing Authority: Forensic Science Standards Board.

OSAC. Terms of Reference. Date of issue: 6 December 2017/Version 1. 5/Issuing Authority: Forensic Science Standards Board.

OSAC. FSSB Terms of Reference. Date of issue: 6 December 2017/Version 1.6/Issuing Authority: Forensic Science Standards Board.

ASB Manual for Standards, Best Practice Recommendations, and Technical Reports, Updated, 2018.

ASB Guide 001, Updated, March 2018.

U.S. Department of Justice (Febraury 1999). Forensic Science: Review of Status and Needs. Office of Justice Programs, NCJ 173412.

第6章
当代司法鉴定研究的热点：法理学

Carol Henderson
法学和司法鉴定顾问，AAFS，美国

"法律与科学、律师与科学家之间，既是一种必要的依赖关系也是一种勉强的接受关系，两者共存。"

引自：*Jasanoff*，1995，204~206页

自1948年第一届美国法庭科学/司法鉴定大会召开以来，法理学是AAFS不可或缺的一部分，并一直延续至今。AAFS由Rutherford B. H. Gradwohl博士、Sidney Kaye博士和圣路易斯的著名律师Orville Richardson先生共同创立。作为国际公认的专业组织，AAFS一直致力于通过推广可靠的科学证据来完善司法系统。法理学位列AAFS的前七大学科，其他6个学科分别是法医病理学、法医精神病学与行为科学、法医毒物学、法医免疫学、警察科学①和文件鉴定。Richardson先生从1952年起陆续担任AAFS章程的主要撰写者、AAFS行政部门的法律顾问及法理学部门的秘书，他为AAFS的发展做出了巨大的贡献，为AAFS发展成全美最大、最高效的法庭科学/司法鉴定学会奠定了基础。Fred Inbau先生于1955~1956年担任法理学部门主任，此后，AAFS相继诞生了9名法理学部门主任②。

1957年，法理学部门在芝加哥举行了第一次会议。自此，法理学部门一直致力于司法鉴定和法学间的跨学科信息交流与教育培训。司法系统永远需要可靠的司法鉴定证据、见多识广的律师及训练有素的法官。法理

---

① 译者注：此处与前文提及的"法医人类学、刑事科学技术、司法工程学、数字和多媒体科学、法理学、法医牙科学、法医精神病学与行为科学、法医毒物学、法医病理学、文件鉴定及综合部门"11个领域有出入，但原著为"forensic immunology, police science"，为尊重原著，此处未作其他改动。

② 原著作者注：包括Oliver Schroeder（1963~1964年），Jack L. Sachs, LLB（1966~1967年），Edwin C. Conrad, JD, MS（1970~1971年），Robert J. Joling, LLB（1975~1976年），Don Harper Mills, MD, JD（1986~1987年），Haskell M. Pitluck, JD（1995~1996年），Kenneth E. Melson, JD（2003~2004年），Carol E. Henderson, JD（2008~2009年）及Betty Layne DesPortes, JD（2017~2018年）。

学部门通过召开年度会议、研讨会、出版著作会，持续致力于对科学家、法官和律师的培训，时刻准备着解决司法鉴定领域可能出现的、形形色色的问题。

法理学部门成员有些是 NIST－OSAC① 下设法律资源委员会（Legal Resource Committee，LRC）的成员，有些是小组委员会的成员，有些还供职于 NCFS②。法理学部门成员的专业素养增强了人们对司法鉴定学科的信心和敬意，同时也强化了司法鉴定证据的可靠性和准确性。法理学部门成员也将继续在司法鉴定领域发挥积极影响，同时也为信赖 AAFS 所供信息的科学家和律师们持续提供培训资源。所有的这些与 AAFS 的发展愿景相一致。

法理学部门虽然只有 202 名成员，但其在司法鉴定领域的影响力不可小觑。法官 Pamela A.W. King 博士于 2018～2019 年担任法理学部门主任，她曾在 NCFS 任职。法理学部门其他成员包括著名法官、律师及学者，他们在 AAFS 会议上提出了许多培训和模拟法庭项目③。未来，法理学部门将继续同其他组织合作，为科学界和法律界从业者提供培训，也将继续协助 AAFS 以充分发挥其作为美国国家标准协会认可的标准开发组织④的作用。Harold A. Feder 奖是专门表彰为学会和法理学科做出杰出成就和贡献的法理学部门成员。自 1981 年首次向 Edwin Conrad、Robert J. Joling 博士和 Jack L.Sachs 博士⑤颁发该奖项以来，已有 25 位 AAFS 法理学部门成员先后获此殊荣。未来，法理学部门将继续鼓励并认可成员对科学界和法律界做出的宝贵贡献，包括致力于培训律师和法官以帮助其了解

① 原著作者注：本章“OSAC”一节内容主要来源于 NIST－OSAC 公共网站和链接：https://www.nist.gov/forensics/osac/index.cfm，http://www.nist.gov/topics/forensic-science/organization-scientific-area-committees-osac/osac-registry/osac-approval。

② 原著作者注：本章“NCFS”一节内容主要来源于 NCFS 公共网站和链接：https://www.justice.gov/ncfs。

③ 原著作者注：AAFS 是一个为司法鉴定领域提供标准化实践和协作努力的专业组织（标准开发组织），http://www.asbstandardsboard.org/。

④ 原著作者注：AAFS 主席于 2015 年 9 月发表的讲话（AAFS 获得了 150 万美元的款项用于筹建标准开发组织，标准开发组织是经美国国家标准协会认可、供 NIST 的 OSAC 等组织用以审查已颁布的标准或政策）。

⑤ 原著作者注：AAFS 法理学部门 Harold A. Feder 奖获得者：Richard Allen（1982 年），Jay Schwartz（1982 年），Don Harper Mills（1983 年），Oliver C. Schroeder，Jr.（1983 年），Arthur H. Schatz（1984 年），Edwin Marger（1988 年），James E. Starrs（1988 年），Haskell M. Pitluck（1991 年），Kenneth E. Melson（1993 年），Harold A. Feder（1996 年），Andre A. Moenssens（1998 年），Carol Henderson（1999 年），Gil Sapir（2000 年），Stephen A. Brunette（2001 年），Haskell M. Pitluck（2003 年），Cynthia L. Windsor（2004 年），Linda B. Kenney（2006 年），Robert J. Joling（2008 年），Danielle D. Ruttman（2012 年），Betty Layne DesPortes（2014 年）及 Roderick T. Kennedy（2018 年）。

司法鉴定证据的复杂性所做的不懈努力。

本章主要介绍科学证据的可采性规则，内容包括专家证词可采性面临的挑战、司法鉴定从业者政策和标准的制定，以及目前在法官和律师的司法鉴定教育培训方面所做的努力。

6.1　多伯特的历史

25 年前，美国联邦最高法院就多伯特诉麦雷尔・道制药公司（Daubert v. Merrell Dow Pharmaceuticals, Inc., 1993）一案（“多伯特案”）裁定。该裁定指导法官如何去评估专家证人证据的可靠性和准确性。该案判决开创了一个重要先例，美国所有联邦法院和多数州法院随后都遵循这一原则，确认科学和非科学专家证词的可采性。

“多伯特案”是一起民事诉讼，案件裁定的焦点在于专家们就止吐药苯达汀（bendectin）和出生缺陷之间的因果关系而提出的科学方法的有效性。法院面临的一个关键问题是，应该用源自美国联邦最高法院“弗莱伊诉合众国案”（1923 年）的 Frye 规则确定专家证词的可采性，还是用 1975 年颁布的联邦证据规则取代 Frye 规则（*Daubert*, 1993，584 页）[①]。在“弗莱伊诉合众国案”中，美国联邦巡回上诉法院确认了一审法院对使用血压测谎仪测试得出的专家证言的判决。Frye 认为，如果科学证据所依据的技术“已经充分确立，且为所属特定领域普遍接受”，那么这些科学证据可予采纳（*Frye*, 1923，第 1014 页）。曾经在长达 25 年的时间里，*Frye* 都很少被提及，但后来“Frye 规则”变得越来越具有影响力，到了 20 世纪 80 年代初，美国 29 个州都采用了这一规则（Haack，2005）。

“多伯特案”审理法院必须确定弗莱伊与《联邦证据规则》第 702 条（简称 702 规则）的关系。702 规则指出：“如果科学、技术或其他专业知识有助于审判法官理解证据或者确定争论中的事实，那么具备知识、技能、经验的专家证人，可通过提供专家意见的方式作证。”“多伯特案”审理法院认为 702 规则为审判过程中专家科学证据的采纳提供了标准，但是 Frye 规则没有。702 规则规定，审判法官的任务是确保专家证词具有相关性和可靠性。“基于科学有效性原则的相关证据能满足要求”（*Daubert*, 1993, 597 页）。“多伯特案”审理法院对“普遍接受”规则进行了补充，即对专家证人所采用的基本原理和方法的准确性、可靠性、评估和认可进行

① 原著作者注：702 规则（2011）。

更强有力的审查。

自1993年以来,数千名法官在判决中引用"多伯特案"。多伯特规则已成为美国多数州法院的常用采信规则,有39个州采用了多伯特规则,而包括哥伦比亚特区在内的8个州保留了Frye规则(Morgenstern,2016)。弗吉尼亚州、北达科他州、内华达州和密苏里州4个州则对专家证据采用了独特的采信规则——改良版702规则。具体而言,美国弗吉尼亚东区联邦地区法院采用标准的范围更为广泛:如果"专家证词有助于审判法官理解证据",则可以予以承认。

6.2 多伯特规则

为帮助法官初步评估专家证人证词所用方法或理论的科学有效性,以及将其应用于争论中的事实是否恰当,美国联邦最高法院确认了多伯特规则的5个判断因素。

1)科学方法或科学理论是否可检验,或是否已做检验。

2)方法或理论是否已通过同行评审及正式发表。

3)方法或理论的已知或潜在错误率。

4)是否存在既定标准,用以控制和管理专家证人使用的技术方法或理论。

5)是否已获得相关科学界的普遍接受(*Daubert*, 1993, 593~594页)。

6.3 "多伯特案"引出的问题

在"多伯特案"裁定后不久,许多问题相继出现。例如,地方法院法官该如何充当专家证词的把关人。简言之,法官是应该对专家证词进行初步评估,还是应该默认专家证词并相信审查/交互讯问程序能给出合适的审查结果?此外,如果法官要充当科学证据和专家证词的把关人,那么就必须确定需要审查的内容。具体地讲,法官是应该只聚焦专家所采用的方法,还是也应该审查专家的结论?

另一个关键问题是专家证词是否具有科学性的本质属性。如果是,那么是否应该对科学性和非科学性的专家证词应用不同的采信标准。首席大法官Rehnquist认为,科学性证据和非科学性证据之间并不存在区别。但是,如果真的存在区别,法官又该如何确定这些区别。此外,在评估专家证词的时候,下级法院还必须明确是应该严格遵照多伯特规则,还是仅将其视为参考建议？

美国联邦最高法院的另两起案件进一步分析了上述问题，即“通用电器公司诉焦依诺案”（General Electric Co. v. Joiner, 1997）和“库霍轮胎公司诉卡麦克海尔案”（Kumho Tire Co. v. Carmichael, 1993），这两起案件与“多伯特案”（Daubert v. Merrell Dow Pharmaceuticals, Inc., 1993）一起构成了所谓的“多伯特三部曲”。“库霍轮胎公司诉卡麦克海尔案”更加清晰地确定了多伯特规则适用的专家证词的类型。具体地讲，“库霍轮胎公司诉卡麦克海尔案”确定多伯特规则适用于所有专家证词，而不仅仅是科学性的专家证词。此外，“库霍轮胎公司诉卡麦克海尔案”（150 页）明确指出，702 规则具有灵活性，法院可以只关注案件中的相关因素以决定专家证词的可采性。这项分析说明了多伯特规则并不是采信科学证据时的必备要素。

6.4　国家科学院报告

2005 年，美国国会认识到了科学证据在法律体系中的重要性，因此呼吁在国家科学院下设一个独立的司法鉴定委员会，以满足司法鉴定领域发展需求。委员会的工作包括评估实验室、法医和验尸官办事处目前及未来的资源需求，探明可协助执法机关开展司法鉴定活动的最新科技，确定如何宣贯最佳实践和指南，确保技术和方法的应用质量和一致性等。为此，美国国家科学院委员会 2009 年发布了国家科学院报告（NAS, 2009 年报告）。

国家科学院报告详细讨论了多伯特规则，指出其引起了许多混乱和争议。研究表明，相比民事案件，法院在处理刑事案件时并不那么严格遵从多伯特规则。国家科学院报告（11 页）指出，在满足多伯特可采性规则方面，刑事检控和民事原告证据通常比类似案件中的被告证据享有更多的回旋余地。多伯特规则要求对专家使用的方法进行更严格的审查，这就要求法官和律师必须对科学知识有更深刻的了解。然而，正如 Rehnquist 法官所说的那样，22 份“法庭之友的书面陈述”提到的科学问题“远远超出法官所具备的专业知识范围”（*Daubert*, 1993, 599 页）。如果没有关于科学方法论和标准可靠性的额外指导，律师和法官可能就无法有效理解和解释科学程序和证据的可靠性。

自多伯特规则确立以来，司法鉴定面临着越来越多的挑战，特别是在比较检验领域。2016 年 2 月，得克萨斯州司法鉴定委员会通过了一项临时禁止令：在正式制定出充分可靠的标准和方法之前，禁止法庭采纳咬痕证据(Herskovitz, 2016; Palazzolo, 2016)。2013 年,联邦调查局开始审查与头发比较分析相关的联邦调查局实验室分析员的证词,以确定误定罪案件,确保未来的司法鉴定立足于充分认可的科学标准(Reimer, 2013)。2015 年 4 月,联邦调查局确定"在 28 名联邦调查局探员/分析员中,有 26 名提供了错误证词或者提交了包含错误陈述的实验室报告"(FBI: National Press Release, 2015)。

作为回应,许多联邦、州的标准开发组织都相继完善科学标准,同时编制培训材料,帮助法官和律师理解科学专家可能用到的科学法则①。

6.5 NCFS 和 OSAC

为了回应国家科学院报告(2009)给出的建议,联邦政府新成立了两个实体: NCFS(负责制定政策)和 OSAC(负责编制特定学科的实践标准和指南)。OSAC 司法鉴定资源委员会和 NCFS 科学与法律培训委员会则致力于加强法学和司法鉴定学科之间的知识共享。

6.6 NCFS

NCFS(2013~2017 年)是美国司法部下属的联邦咨询委员会,其通过公告和评论的方式征求政策建议。NCFS 由联邦、州和地方的司法鉴定服务提供者、科学家、学者、执法官员、检察官、辩护律师和法官组成,他们的任务是就司法鉴定领域如何促进法律工作者更好地执行司法工作提出切实可行的建议。NCFS 成员负责评估由专家组撰写的指南和标准,向司法部长提出政策建议。NCFS 致力于增强司法鉴定的方法论和可靠性,强化司法鉴定实验室的质量保证和质量控制,并就特定学科司法鉴定从业者证

---

① 原著作者注: 国际司法鉴定标准化组织,ISO/TC272 通过改进司法鉴定领域的各种适用程序和技术的方式,为世界范围内的司法鉴定工作提供标准和指南。网址: http://www.iso.org/iso/home/standards_development/list_of_iso_technical_committees/iso_technical_committee.htm? commid=4395817。
标准开发组织举例: 国际司法鉴定标准组织 ISO/TC 272 于 2016 年 6 月召开会议,讨论全球范围内实验室及现场实践所用到的新的及现有的标准和技术。网址: http://www.iso.org/iso/home/standards_development/list_of_iso_technical_committees/iso_technical_committee.htm? commid=4395817。AAFS 是经美国国家标准协会认可的标准开发组织。2016 年 3 月,AAFS 开始接受关于成立共同体的申请,该组织有望使其特定科学小组的成员达成合作,进而制定标准实践和指南。网址: http://asb.aafs.org/wp-content/uploads/2016/01/Webinar_Presentation_Slides.pdf。

据的提取、检验、分析和报告制定标准和协议(Butler, 2014)。

NCFS 共举行了 13 次会议,通过了 43 项关于司法鉴定学科标准的认证、互用性和可靠性建议的工作成果①。其中,有一项建议指出,司法部从业的律师和司法鉴定服务提供者不应使用“科学合理的确定性”(NCFS, 2016)一词。NCFS 指出,“科学合理的确定性”有一定的歧义,法律专业人员和专家证人使用该词时掩盖了专家证词背后的科学过程,并没有使真相更加清晰化。因此,NCFS 于 2016 年就“科学合理的确定性”一词的使用向司法部长提出建议。

2015 年 12 月,NCFS 批准了一项关于制定统一标准,减少影响司法鉴定服务提供者文意偏差和其他人为因素的建议书(NCFS, 2015a)。在该建议书中,NCFS 提出：司法鉴定调查的不同阶段,鉴定人应与易导致偏见的证据相隔离,以便能够得出科学、准确、可靠的结论(NCFS, 2015a)。实际上,一项犯罪调查可分为以下几个阶段：① 证据收集;② 证据分析;③ 根据证据分析得出结论(NCFS, 2015a)。例如,犯罪现场调查人员在初步收集证据时所需的证人证词,倘若也为参与调查的实验室分析人员(有意识地或潜意识地)所知,那么就有可能导致有偏见的结论。NCFS(2015a)一致认为,限制分析人员接触可引起偏见诱导性的证据,将显著提高司法鉴定检验的准确性及结论的可靠性。NCFS 建议司法鉴定服务提供者和犯罪实验室开始监测司法鉴定人接触可能会导致文意偏差、认知偏差或其他形式偏差的证据(NCFS, 2015a)。

2015 年 4 月,NCFS 通过了另一项政策建议。该建议提出了一项关于司法鉴定全球认可的实施政策(NCFS, 2015b),该政策有望加强司法鉴定的基础,激励联邦和州犯罪实验室遵守科学的标准和程序。

6.7 OSAC

2013 年,OSAC 与 NCFS 联合对司法鉴定学科开展了一项调查,并为司法鉴定各个学科制定指南和标准文件。OSAC 由全国 500 多名司法鉴定从业者组成,任务是协调地方、州和联邦司法鉴定服务提供者的意见和建议,进而综合性地评估和采纳大家公认的标准。OSAC 主要目标是促进全国司法鉴定实验室和司法鉴定实验室认证组织使用可行的学科标准。

① 原著作者注：NCFS 采纳的工作成果,参见：http://www.justice.gov/ncfs/work-products-adopted-commission。

此外,OSAC 还负责确认、评估和改进尚未经标准开发组织发布的科学方法。

OSAC 包括 3 个资源委员会和 5 个 SAC,由司法鉴定标准委员会负责管理。司法鉴定标准委员会有权监督 OSAC,有权核准纳入 OSAC 认可标准登记册中的各项标准。司法鉴定标准委员会由 17 名有表决权的成员组成,其中 5 名为 SAC 主席、6 名为司法鉴定学会(如 AAFS)的代表、5 名来自研究与测量学领域,还有 1 名当然成员(OSAC, 2014)。司法鉴定标准委员会负责监督各委员会的工作,并参与制订国际司法鉴定质量标准。

资源委员会由法律资源委员会、质量基础设施委员会(Quality Infrastructure Committee, QIC)和人因委员会(Human Factors Committee, HFC)组成。这些核心委员会通过与其他委员会及和司法鉴定标准委员会合作,向 OSAC 提供专业意见,帮助确定因人类认知因素和既定标准带来的法律后果问题。例如,法律资源委员会与法律界合作,就可能影响司法鉴定质量控制标准的可采性和接受性的法律问题向司法鉴定标准委员会提供最大化的指导意见。

SAC 是 OSAC 运行的基础。5 个 SAC 包含不同的小组委员会,覆盖了司法鉴定各专业领域。SAC 和各小组委员会负责鉴别司法鉴定服务提供者的在用标准,确认标准和程序的准确性和可靠性,并为各自学科制定实验室认可所需的标准。各小组委员会将负责调查其各自已有的学科标准和程序,提出改进意见及附加标准,进而提高司法鉴定各学科的可靠性。如果 SAC 批准了标准,则须将标准提交司法鉴定标准委员会进行最终审查,确保标准符合特定的程序。司法鉴定标准委员会通过在 OSAC 认可标准登记册中核准标准的方式,宣布该标准及其基本方法也经过了相关科学界的司法鉴定从业者、学术研究人员、测量科学家和统计学家的审查(OSAC, 2014)。

在本书出版之时,OSAC 核准的标准共 12 项。当前正在考虑的数十项标准有望在未来纳入登记册①。

6.8 关于司法鉴定领域司法和法学的教育推进计划

国家科学院报告指出,“律师和法官往往在科学方法论方面缺乏足够的培训经验和背景知识,他们往往无法充分理解不同的司法鉴定学科所用

① 译者注:目前已核准 30 项标准,参见 https://www.nist.gov/topics/organization-scientific-area-committees-forensic-science/osac-registry-approved-standards。

到的方法，也无法判断审判过程中提供的司法鉴定证据的可靠性”（National Academy of Sciences Report, 2009）。该报告还指出，“应该将司法鉴定学科的所有科技成果直接传递给法学学者和法律从业人员……司法机构成员及司法体制的其他成员，以便在刑事和民事诉讼、陪审团示范指引、执法管理、战略和司法决策等方面做出适当的调整。”此外，法官和律师需要深入学习司法鉴定方法论和实践知识，以便通过可信的司法鉴定证据为司法体系服务。

在 NCFS 和 OSAC 致力于更加统一、科学、准确的司法鉴定学科发展中，跨学科知识共享发挥了关键的作用。与负责分析证据并给出专家意见的科学家们相比，科学证据的使用者可能对所用鉴定方法或程序的准确性知之甚少。为此，NCFS 和 OSAC 致力于寻找学科的“问题领域”，并制定出一套统一的标准实践以减少司法鉴定在刑事和民事案件适用中混淆的问题。例如，为律师和法官开设的司法鉴定课程缩小了科学方法论与科学证据的理解和应用之间的差距。更稳健、统一的司法鉴定共同体能够增加司法鉴定证据的可信度，帮助法官、律师和其他司法鉴定证据用户更加确认从中得出的法律结论。

2015 年 4 月 10 日，美国律师协会司法部门和 *The Journal of Criminal Law and Criminology*（JCLC）举行了一次讨论会，主题为“法院在推进司法鉴定方面的作用”（JCLC, 2015）。会上讨论了司法鉴定证据和专家证词在审判实践中所存在的问题。有人建议就科学可靠性达成司法共识，并呼吁在司法鉴定方面加强法律及司法教育工作。在 2015 年 8 月 4 日举行的 ABA 年度会议上，众议院通过第 115 号决议①，旨在提高法院评估司法鉴定证据的能力，其中规定：“美国律师协会敦促国家司法鉴定委员会编制法学和司法鉴定学科示范课程，并对联邦、州、地方、区域和部落法官进行课程培训。”

2015 年 12 月，NCFS 建议司法部创建并资助课程项目，以帮助解释和解决法庭上可能出现的各种司法鉴定问题（NCFS, 2015c）。该课程可帮助法官和律师理解和呈递可靠的司法证据。NCFS（2015c）建议如下：

法院在刑事和民事案件中都遇到过相关的司法鉴定问题。因此，有必要开设一门既涉及司法鉴定，又涉及法学问题的课程——能阐明学科及其局限性，合理而中立地提出支持或反驳证据的论点。

---

① 原著作者注：ABA 司法部（2015 年）第 115 号决议（众议院是 ABA 的决策机关，众议院决定的任何事项都将作为 ABA 的官方政策执行）。http://www.americanbar.org/content/dam/aba/images/abanews/2015annualresolutions/115.pdf。

最近,国家司法学院(2015)开设了几门新课程,旨在“激励法官反思自身在司法程序中的作用”,并创建一个讨论型环境,为审判中的问题找到切实可行的解决办法。其他诸如国家科学、技术和法律信息中心(NCSTL)①等都在向全世界传播有关司法鉴定的培训、法院裁定、评论、学术出版物等信息。

推广学科间的法学和科学教育是一个全球关注的问题。2015 年 2 月,英国皇家学会在伦敦举办了一次研讨会。这次会议将国际研究人员、学术界和司法部门成员聚集在一起,讨论司法鉴定标准和可靠性问题(Black and Daeid, 2015)。讨论的主题包括认知偏见、犯罪现场科学、指纹识别和虚拟解剖等各个领域的新进展,以提供更稳健、可靠的司法鉴定证据的法律框架(Black and Daeid, 2015)。此次会议还就目前正在制定的标准提出了宝贵意见,提出为新标准的全球采用和认可制订推进计划(Black and Daeid, 2015)。

为期两天的研讨会结束之后,英国皇家学会又在奇切利大厅召开了一次工作组会议。会议共邀请了 30 名科学家、法官和律师,共同讨论司法鉴定领域的研究空白,指出需要开展更多研究,确保人们对司法系统工作成果的信心(The Royal Society,2015)。会议的工作重点放在战略规划上,以促进司法鉴定服务提供者在从犯罪现场到法庭的整个程序中应用和执行标准,在全世界建立起一个更有效、健全的司法系统。鉴于英国皇家学会研讨会和奇切利工作组会议所开展的工作,邓迪大学(the University of Dundee)于 2015 年 12 月获得了 1 000 万英镑的赠款,以用于建立莱弗休姆司法鉴定研究中心(Isles, 2015),Niamh Nic Daeid 教授担任该中心主任,邓迪大学人体解剖与鉴定中心(Centre for Anatomy and Human Identification, CAHID)的前任主任、现任兰卡斯特大学负责社会事务的名誉副校长 Sue Black 爵士也在该中心的建立过程中发挥了重要作用。

司法鉴定领域面临诸多挑战,但最终目标是建立公正、有效的司法体系。在司法鉴定意见和呈堂证据的可靠性评估方面,受过良好教育的法律群体能够更好地服务于司法体制,尤其是在可能关乎人身自由的刑事案件中(National Academy of Sciences Report, 2009)。专家证词的重要性和有效性既取决于鉴定人所采用的科学方法,也取决于律师对于法院在认可或驳回专家证词时所考虑的因素的理解。对法官和律师开展继续教育,使其

① 原著作者注:国家科学、技术和法律信息中心(2016 年)。主页:http://www.ncstl.org,工作成果数据库:http://www.ncstl.org/about/Accomplishments%20Archive。

深入学习呈堂专家证词相关的科学知识，对于提升司法鉴定标准的科学性至关重要。律师和法官必须更好地理解司法鉴定方法、结论和认可标准的复杂性，才能向负责权衡专家证词可靠性的陪审团做出充分的阐释。

致谢

感谢笔者的研究助理、2017 届斯泰森法学院（Stetson College of Law）的 Ryan Swafford 为本章所做的研究和部分文字撰写工作。感谢 AAFS 主席 Kenneth E. Melson（2003～2004 年）就本章内容给出的建议。

（何晓丹　译）

本章参考文献

ABA Judicial Division and the Journal of Criminal Law and Criminology (2015). *The Role of the Courts in Improving Forensic Science Symposium.* ABA Judicial Division http://www.americanbar.org/groups/judicial/committees.html.

Black, S. and Daeid, N. (2015) The Royal Society Meeting: The Paradigm Shift for UK Forensic Science. London. https://royalsociety.Org/~/media/events/2015/02/forensic-science/forensic-dm-programme910.pdf? la=en-GB.

The sections of this chapter that discuss *Daubert* is based on: Borenstein, J. and Henderson, C. (2015). Reflections on Daubert: a look back at the Supreme Court's decision. *Journal of Philosophy, Science & Law, Daubert* Special Issues 15: 1 – 4. http://jpsl.org/archives/reflections-daubert.

Butler, J. (2014). *Proceedings of the International Symposium on Human Identification.* Maryland: National Institute of Standards and Technology.

Cwik, C., Epstein, J., and Henderson, C. (2013). *Scientific Evidence Review: Admissibility and Use of Expert Evidence in the Courtroom.* Monograph No. 9. Illinois: American Bar Association.

Daubert v. Merrell Dow Pharmaceuticals, Inc. (1993) Supreme Court of the United States. U.S. Reporter, 509, 579 – 601.

FBI: National Press Release (2015). *FBI Testimony on Microscopic Hair Analysis Contained Errors in at Least 90% of cases in Ongoing Review.* Washington, DC: https://www. fbi. gov/news/pressrel/press-releases/fbi-testimony-on-microscopic-hair-analysis-contained-errors-in-at-least-90-percent-of-cases-in-ongoing-review.

Frye v. United States (1923). D.C. Circuit Court of appeal. *Federal Reporter* 293: 1013 – 1014.

General Electric Co. v. Joiner (1997). Supreme Court of the United States. *U. S. Reporter* 522: 136 - 155.

Haack, S. (2005). Trial and error: the Supreme Court's philosophy of science. *American Journal of Public Health* 95 (S1): S66 - S73.

Herskovitz, J. (2016). *Influential Texas Panel Recommends Halt the Use of Bite-Mark Evidence.* Texas: Reuters.

Innocence Project (2016) Unvalidated or improper forensic science, http://www.innocenceproject.org/causes-wrongful-conviction/unvalidated-or-improper-forensic-science.

Innocence Project of Texas (2016). http://www.ipoftexas.org.

Isles, R. (2015). *University of Dundee: £ 10m Award to Establish Leverhulme Centre for Forensic Science at Dundee.* University News http://www. dundee. ac. uk/news/2015/10m-award-to-establish-leverhulme-centre-for-forensic-science-at-dundee.php.

Jasanoff, S. (1995). *Science at the Bar: Law, Science, and Technology in America*, 204 - 206. Cambridge: Harvard University Press.

Kumho Tire Co. v. Carmichael (1999). Supreme Court of the United States. *U. S. Reporter* 526: 137 - 159.

Morgenstern, M. (2016). *Daubert v. Frye — A State-by-State Comparison.* The Expert Institute, Blog https://www. theexpertinstitute. com/daubert-v-frye-a-state-by-state-comparison.

National Academy of Sciences Report (2009). *Strengthening Forensic Science in the United Stated: A Path Forward.* Recommendation 10, 11 - 28. Washington DC: National Academy Press.

National Commission on Forensic Science (2015a). *Ensuring That Forensic Analysis is Based Upon Task-relevant Information.* Human Factors Subcommittee http://www.justice.gov/ncfs/file/818196/download.

National Commission on Forensic Science (2015b). *Universal Accreditation.* Accreditation and Proficiency Testing Subcommittee.

National Commission on Forensic Science (2015c). *Forensic Science Curriculum Development.* Training on Science and Law Subcommittee http://www.justice.gov/ncfs/file/818206/download.

National Commission on Forensic Science (2016). *Recommendations to the Attorney General Regarding Use of the Term "Reasonable Scientific Certainty".* Reporting and Testimony Subcommittee http://www.justice.gov/ncfs/file/816021/download.

NIST's Organization of Scientific Area Committees (2014). *Roles and Responsibilities.* http://www.nist.gov/forensics/osacroles.cfm.

NIST's Organization of Scientific Area Committees (2015). *ASTM: E2329 - 14 Standard Practice for Identification of Seized Drugs.* Registry of Approved Standards, Seized

Drugs Subcommittee.

NIST's Organization of Scientific Area Committees (2016) *Registry of Approved Standards.* http://www.nist.gov/forensics/osac/osac-registries.cfm.

Palazzolo, J. (2016). Texas commission recommends ban on bite-mark evidence. *Wall Street Journal* http://blogs. wsj. com/law/2016/02/12/texas-commission-recommends-ban-on-bite-mark-evidence.

Reimer, N.L. (2013). *The Hair Microscopy Review Project: An Historic Breakthrough For Law Enforcement and A Daunting Challenge For the Defense Bar.* National Association of Criminal Defense Lawyers: The Champion https://www. nacdl. org/Champion.aspx.

The National Judicial College (2015) *The National Judicial College Announces 2016 Courses.* http://www.judges.org/the-national-judicial-college-announces-2016-courses.

The Royal Society (2015) The paradigm shift for UK Forensic Science — a further discussion. Working group meeting held at Chicheley Hall, Buckinghamshire. https://royalsociety.org/events/2015/02/forensic-science-satellite.

第 7 章
法医牙科学

Robert E. Barsley
AAFS,新奥尔良,美国

7.1 引言

法医牙科学在法医实践中的应用历史悠久,尤其是在鉴定未知人类遗骸案件中作用突出。牙齿在个体识别中起决定性作用的案例数不胜数,其中最早有记录的是 Paul Revere(银匠、牙医和爱国者)确认了邦克山战役中发现的遗体是他的患者 Gen Joseph Warren。美国公认最早有记录的案例是 1849 年 John Webster 博士在波士顿被控犯有凶杀案。受害者 George Parkman 博士被肢解的尸体残留一部分无齿的下颌骨,其牙医 Nathan Cooley Kee 博士曾对其进行过牙齿修复术治疗,并保留了制造假牙的牙模。通过对残留的无齿下颌骨与牙模进行比较,确定了 George Parkman 博士的身份。这个划时代的案件审判过程持续了两周,吸引了成千上万的公众旁观,而牙医 William T. G. Morton 博士作为嫌疑人的辩护人参与了辩护。William T. G. Morton 博士因在使用乙醚进行手术麻醉方面的开创性工作而知名,他在此案中力图证明牙齿个体识别的不可信。这个案例在许多方面的表现都非常出色。首先,该案是在当时没有牙科 X 线片技术的情况下完成的,牙科 X 线片技术直到 19 世纪 90 年代才由新奥尔良牙医 C. Edmund Kells 发明;其次,该案首次采用如下标准,即证明被害人 George Parkman 博士的身份具有“合理程度”的确定性,而不是法律所要求的“绝对”确定性;再次,该案还首次形成了专家证人的相关原则,即专家证人(包括法医学专家)负有陈述真相的责任(陈述事实和由此得出的观点),而不是其原、被告专有的“辩护人”。在其之后的近两个世纪,该原则依然适用。

7.2 法医牙科专家的任务

从那些不起眼的案例开始,现代的法医牙科学已扩展到为多发死亡同时出现的重大事故(如大火、洪水和交通事故)提供鉴定服务。第一个有详细记载的是 1897 年发生在巴黎查利特地区的火灾,火灾中 100 多名受害者遇难,巴黎当地牙医和美国的 I. B. Davenport 博士协助确定了其中一部分人的身份。古巴籍牙医 Oscar Amoedo 博士在其 1898 年出版的 *L'Art Dentaire en Medecine Legale* 中记述了这一事件。长期以来,使用牙齿来推断牙龄或生物年龄,并将评估结果与实际年龄进行比较在牙科治疗中一直发挥着作用,尤其是在确定何时可以进行正畸治疗及确定何时可以拔除不需要的牙齿如第三磨牙和多余的牙齿时。在法医实践中,牙齿的发育长期以来一直被用于确定死者特别是年轻死者死亡时的年龄。随着知识的进步,现在也用牙齿来评估墓穴中成年遗骸死亡时年龄,并确定该墓是现代的还是古代的。例如,存在汞合金修复体的牙齿表明这个人不能活在 19 世纪中期及以前。因为,汞合金直到 19 世纪 90 年代才开始在美国使用。硅酸盐胶结剂用于前路牙齿修复开始于 1910 年左右,而复合树脂修复体出现在其半个世纪后,直到 1965 年才出现。但是,若实际案例中缺乏牙齿修复物,则基本上没有任何信息可以确定个体生存年代。

与当今世界的许多专业人员类似,牙医和法医牙科团队面临着鉴别虐待和(或)忽视照料儿童、青少年、成人和老人的相关证据。忽视牙齿保养对所有年龄段个体的健康都会产生广泛的影响,但对于儿童来说,虐待涉及对面部和头部区域伤害的比例较高,这是法医牙科学的鉴定范畴。同样,一些法医可根据这些问题协助患者针对其他牙医的医疗过失进行诉讼。许多其他专业学科(如工程学和医学)也建立了类似的法医学科。

法医牙科专家在分析和比较牙齿损伤痕迹(通常称为"咬痕")方面,近几年来一直是讨论的热点话题。该领域的起源时间不明确,据说是源于 11 世纪的某位英国国王通过咬蜡印(而不是使用图章或签名)来密封和证实是他的专有书面法令。据历史记载,疑似"巫婆"的审判案例中,"巫婆"可以在受害者身体的不同部位随意地造成"咬伤",从而伤害/折磨受害者。这些案例不需要专家来确定咬伤与咬人者的具体联系,陪审团、法官或国王法令的执行者拥有自由裁量权。近现代对咬痕分析和比较的实践始于 20 世纪 50 年代的得克萨斯州,有一个抢劫犯在抢劫杂货店时在一块奶酪上咬了一口,把他的"身份名片"以咬痕的形式留在了奶酪上。调查这起犯罪的警察聘请了一位枪械专家和当地牙医将奶酪上留下的咬痕与犯罪嫌疑人咬的类似奶酪上的咬痕进行了比较和分析。最后,他们的鉴定意见是犯罪现场奶酪上的咬痕很可能是犯罪嫌疑人的牙齿形成。该案最终采信了法医意见并在其上诉后维持原判,咬痕分析自此被法院接受。

这个案件和之后更多的案件被带到法庭审判中并在上诉中维持原判，这些案件巩固了法庭对咬痕分析的普遍接受度并增强了牙医对咬痕提供专家意见的能力。

7.3 现状

全世界的法医牙科专家都在尽其最大的努力去改善和提高他们所涉及的每一个实践领域。在此仅举一个例子，如摄影技术就在法医牙科中得到了发展和完善。事实上，今天的法医牙科专家普遍使用的 L 型量表是 1988 年由一名牙医及一名摄影测量师共同设计和制作的，目的正是改进对咬痕的分析。

在过去的 10 年里，基于不公开的开脱证据、彻底的法医欺诈、法医科学和检测的进步、错误的目击者鉴定、逼供和许多其他原因的不当定罪问题，法医牙科学受到了很大的关注。DNA 检测技术的快速发展使其一直处于前沿，而“无辜者计划”①等组织则是这场运动的先锋。一些案例错误定罪集中在咬痕分析上，因此，咬痕和许多其他被归类为主观鉴定意见的法医技术受到了越来越多的审查。

这一领域的科学家把类似的不良评价问题称为结论的“源头”。简单来说，我们能证明“A”和“B”系同一来源吗？这可能类似于潜在指纹是否来自同一手指、从同一支枪射出的子弹与检验子弹是否相似或两个弹壳是否来自同一支枪。许多法医的鉴定工作都集中在这个任务中，如两个药物样本的来源、人类学专家比较的骨骼特征（如鼻窦特征）、牙科专家根据牙齿结构进行牙齿识别或牙齿修复是否为其他样本等。尽管有些人可能会认为“是”“不是”或“可供分析的鉴定材料不足”，但也有许多人认为这些选择风险较高，因此，需要更多的信息和更多的确定性证据。这个问题在许多情况下会直接派生出其他问题，一个特定案例的基本事实永远无法被大众知道，也没有绝对答案，因为当时的环境无法被复制和见证。对于这一领域科学家提出的上述许多问题，没有完整数据库来支持其意见或结论的准确性。换句话说，没有收集世界上所有指纹的指纹库、没有收集世界上所有的枪管膛线的数据库，同样也没有收集世界上所有的口腔状况的数据库，那么专家应该如何表达他的结论呢？有些专家建议使用似然比，尽

① 译者注：无辜者计划是美国最有特色、最有成效的刑事错案发现途径，是民间的非营利性组织，为那些自称是无辜者的囚犯提供法律代理服务或在案件调查方面提供帮助。

管尚没有足够的比较数据用来确定如何计算似然比。一些学科领域的专家已经不再使用诸如此类确定性的不受欢迎的术语,如“匹配”“唯一”等,转而使用“不能被排除”“包括在内”“不包括在内”等专业术语。还有一些人介绍使用这样的专业术语,如“基于专家经验认为”“什么没有区别”“以前从未遇到过”。几乎所有法医学领域都在关注这个问题。

与大多数法医学学科不同的是:相关的教育途径和工作方式影响了法医牙科学的发展,美国的法医牙科学并不提供全职工作。大多数法医牙科专家要么是牙科学院的教员,要么是私人诊所的牙科专职医生。他们不是实验室的一部分,也不接受他人的监督。他们虽然在该领域有一定的认证途径,但在提供鉴定服务之前,他们并不需要完成认证。法医牙科专家教育途径也不同于法医病理学家或法医人类学家,在完成牙科学业并颁发牙科执业许可证后,他们不需要其他法医正规教育,这点与法医病理学家不同。法医病理学家在医学院毕业后必须在特定的医学领域拥有几年的实践经验。为了成为一名合格的法医病理学家,他们需要在法医病理学领域进行实践,并成功获得美国法医病理学委员会的认可。法医人类学家在获得人类学学士学位后,必须至少获得人类学硕士学位,才能被视为该领域的专家,才能获得委员会的认可。在法医人类学领域中,获得法医人类学博士学位也是一项要求。事实上,几乎所有的法医牙科专家都应该需要额外的法医专业的培训。欧洲和其他国家都有法医学的硕士和博士学位,但直到最近,美国还没有法医牙科学的高级学位。为了获得法医牙科学认证,牙医必须从事额外的法医工作和培训,并利用专业知识在法医牙科学的案例工作中进行实际演练。大多数获得美国法医牙科 OSAC 认可的人至少需要 5 年时间来积累所要求的这些相关经验。所有参与者最终大约有 2/3 的人会被法医委员会认可。美国法医学委员会和现在的 NIST 的 OSAC 正在努力改善全国法医学的实践工作。前几年法医牙科学缺乏专业认定的严谨性,这无疑与 20 世纪 80 年代和 90 年代咬痕分析的不良评价有关,本章的剩余部分将根据前面的叙述来考察法医牙科领域的现状、发展和未来。

7.4　牙齿鉴定

法医牙科学的任务一直是围绕未知人类遗骸的个体识别和鉴定。这项任务看起来似乎相当明确,但也有一些复杂的因素。法医需要通过案件调查来建立一个假定身份,以便用来与牙科记录进行比较。与指纹和

DNA 鉴定不同的是,法医牙科学目前尚没有完整数据库可以用来搜索匹配项以验证或排除这个假定身份。笔者认为,电子健康记录的保存尽管取得了进展,但仍存在对医疗电子交换法案,即健康保险携带和责任法(Health Insurance Portability and Accountability Act, HIPAA)的潜在违规行为,以及缺乏集中的牙科数据存储库,因此阻碍了法医牙科学的发展。电子数据记录的出现和各种形式的数字成像的进步使得这些记录的检索变得容易得多,同时也提高了信息的质量、可用性和可传输性。牙科诊所可以一键搜索出疑似受害者(患者)的姓名,与手动搜索文件柜和存储盒中的书面文件夹相比,该搜索更彻底、快速、便捷,并允许部分拼写变化,且不受前一项清除最近未见过患者记录的影响,也不受错误填写患者文件夹的影响。存储由于不再受物理空间功能的限制,应该有更大的机会记录曾被治疗过的所有患者的相关资料,而这些资料并不被破坏。另外,电子数据记录的清晰度与记录当天一样,不会出现因保存时间较久而出现墨水褪色和难以辨认的笔迹,患者的所有记录都将被收集在一个单独的文件中,而不是与分散的不同文件放在一起。其最大的好处是任何 X 线图像都将呈现出与获得图像那天一样的清晰度,不会出现固定或显影不良所致的棕色不透明胶片、错排的胶片、过期的胶片、未命名的不能归属的胶片的现象,更不会出现由于空间限制或者为了获得溴化银而对胶片进行销毁处理的情形。电子数据记录的另一个好处是内容可以通过网络在世界任何地方进行完全传输,不再需要等待邮递员取货和送货。随着数字成像和扫描取代了获得牙齿模型和印模的临床实践,未来法医牙科学的牙齿重建也将越来越成为可能。未来的法医牙科专家能够根据临床病史和图像数据,方便快捷地重建出一个实际的口腔模型。在当下数字时代,牙齿图像及其临床修复痕迹的获得要容易得多(质量也有很大提高),因为过去牙齿摄影是非常昂贵和困难的,所有这些进展将为法医牙科学提供与未知标本进行比较的更多信息。同样,更好的成像、放射学技术和检查技术为从尸体上收集标本数据提供便利和优势,当今最好的临床牙医可以使用一些技术来修复牙齿,这些技术不但可以产生临床效果,而且可以在没有相应技术仔细检查的情况下,避开法医牙科专家肉眼不易与天然牙齿区分的缺陷。当今技术对牙齿边缘的填充,各方面都与天然牙冠相似,替代形状和功能的牙科植入物看起来几乎与天然的牙齿一样,不仔细检查不易察觉。

法医牙科学的电子数据记录和保存将在稍后讨论,需要指出的一点是,正如从牙科办公室检索患者记录一样,法医牙科学将能够在需要时以更快和更广泛的方式仔细阅读被鉴定人的历史记录,以确保在发现可能与多年前已结案或“被遗弃”的案件有关的部分遗骸时，不会无意中忽略旧案。网络技术还扩大了调查机构在发现遗体或失踪人员案件中的搜索能力。国家犯罪信息中心（National Crime Information Center，NCIC）通过对牙齿信息比对算法改进和对国家牙科图像库（CJIS，联邦调查局）进行双重检索，使牙齿比对非常有效。最后，通过一些网站如 The Doe Network and Name US®（https://www.findthemissing.org/en）等使公众能够获得相关材料，以便将可能失踪的人与无人认领或未知的遗骸相匹配。最终的电子记录由法医专家进行管理，从而有助于决定是否将病例比对向前推进或结束。

下面来讨论有关集体死亡事件中法医牙科专家利用牙齿来核实受害者的身份相关问题，这些问题中的许多方面都会对先前讨论的常规个体识别产生影响。长期以来，当事故造成多人死亡时，个体识别一直是法医牙科专家的重要工作，尤其是建筑物起火或车辆失火导致遗体受损，无法使用指纹确定身份时。另外，大型建筑物和大容量车辆失火会使个体识别变得更艰巨和复杂。上述情况下，尸体口腔结构可能会受到热损伤，但除最极端情况外，仍有足够的牙齿证据符合法医牙科专家的比对需求，从而能够进行鉴定并提出意见。当然，我们的目标是确认死者身份，如“这些遗骸是约翰的吗？”然而，特别是在受害者死亡现场为封闭现场的情况下，即房屋内的居民、车辆内的司机和乘客甚至是飞机上的乘客等，法医牙科专家可能只能声明缺乏死后证据或死前记录而导致他们没有发现牙齿差异。尽管如此，研究人员能够将牙科重要发现与其他发现（如个人物品、人类学证据、瘢痕、文身、其他医学发现等）结合起来进行综合鉴定。同样重要的是，单一的牙科发现（如生前记录和尸检证据之间的差异）可能很容易将一组特定的遗骸从其他身份中排除，如一组有智齿的遗骸（未拔除）就容易和尸检（X线片）证明智齿在死前已被拔掉的遗骸进行鉴别。同样，如果生前记录显示遗骸某一特定牙齿已经修复（如充填的牙冠、合金、复合材料等），则可以容易地与牙齿未修复的遗骸进行鉴别。因为，在现今世界中，对于成年人而言，已经拔除的牙齿不会再重新生长，除非进行牙齿修复，否则不会出现牙齿的再生结构。

随着受害人数的增加，个体识别任务变得更加复杂、耗时。法医牙科专家无论多有才能、多专注于完成任务，单凭一己之力，也难以胜任这个工作。因此，法医牙科学长期以来一直采取团队合作的方法来解决问题。这些团队经过相应培训，一旦当局发出警报，就可以立即采取行动。在美国，有地区团队、州团队甚至有联邦团队进行合作。若灾难较大，国家灾难医疗系统(National Disaster Medical System, NDMS)在健康与人类服务部的主持下,负责启动灾难遗骸鉴别小组(Disaster Mortuary Operational Response Teams, DMORT)(10 个联邦地区各有 1 个),DMORT 成员包括建立和操作临时遗骸鉴别行动所需的多个专家。DMORT 有 3 个完整的便携式解剖室(包括相应设备和用品),其中两个部署在机场、一个在不需要空运的情况下可装在拖车上,其几乎可以在世界任何地方立即交付和部署。2005 年卡特里娜飓风过后,其中两个便携式解剖室被派往路易斯安那州和密西西比州,10 个联邦地区的所有相应人员均被调动,并根据需要为这些设施配备相关人员,驻扎在路易斯安那州的那个小组,这两个便携式解剖室直到 2006 年 2 月中旬仍在使用。

虽然早在国家灾难医疗系统之前,相关人员就提出了移动解剖室概念,但该系统需要配备完善的法医牙科专家,包括死后调查团队、生前调查团队和比较分析团队;另外,详细的分工使这个系统的团队能力及设备水平发生了巨大的变化。以前完全是利用模拟胶片拍摄的 X 线片和手写报告,需要在前期被仔细记录、保存和归档,更重要的是在比较死者与死者可能相关的身份材料时,比较分析团队掌握许多 30 年前没有电脑记录的手写原始文件。在和平时期和战争中遭受伤亡人员的相应材料可通过美国陆军牙科研究所开发的软件对牙齿的生前和死后发现进行分类及交叉比对,并由牙科医生依据其专业知识判定最可能的匹配,这种程序软件被称为计算机辅助识别(computer aided post mortem identification, CAPMI)软件,它是基于磁盘操作系统(disk operating system, DOS)编程制作的,在几次军事灾难的应用中获得了巨大成功。随着 Windows® 操作系统和 Apple® 系统的流行,其他几种类似的程序软件也应运而生。一名对计算机编码感兴趣且有相应学科背景的法医开发了第一版 WinID® 软件,该版本在美国法医从业者中广受欢迎。原因在于 WinID® 软件图形界面简单和比较方案强大,允许普通语言过滤并产生几种不同的排名。在算法上,WinID® 软件采用了 DMORT 算法,不同程序软件也可以采用其他的比较算法,目前在世界其他地区也已经并正在开发类似的相应程序软件。

第一版的 WinID® 软件在使用中发现了一些问题并进行了改善和调整,目前可以对数字 X 线片之前产生的普通 X 线图像与现有的数字 X 线片图像进行比对,以使研究者无须退出程序即可查看 X 线图像(若没有这个功能操作则非常麻烦)。数字 X 线片技术和便携式数字 X 线片仪器的问世,可以使操作员更快地获取尸体 X 线图像,操作简便和快速。因不需要利用胶片进行显影,操作员可以在几秒内获得数字图像,且图像具有更好的曝光效果。这种便携式数字X线片仪器没有机械支撑臂，因此对电力的需求下降，可以将其配置在尸检台旁并适用于大型灾难和常规尸体检验。计算机网络结合了所有牙科信息的集中存储，大大提高了法医牙科专家的判定能力，由此，法医牙科学的工作不再是制约大规模灾难法医鉴定效率的瓶颈。

然而，WinID®软件在使用过程中仍有一些待解决的问题，如其无法轻松地与解剖室身份识别操作中的任何其他相关程序软件进行交互、仍然需要将相关文件（打印或电子数据）传输到身份识别板上等。一些简单的问题可能会通过交换照片得到明确的答案（如死者有一颗金牙或牙齿之间有间隙），复杂问题需要解剖室两个或多个部门的调查人员进行人工输入比对。单独的文件存储和软件协议可能会降低比对工作的成功率和效率，因此，有些国家开发了相应软件来缓解这些困难，特别是在2004年12月东南亚海啸致死人员的个人识别中吸取了相应经验和教训。在美国，由于2001年世贸中心遭受袭击，纽约市首席法医办公室开发了统一的解剖室操作软件解决这个问题，称为统一的受害者身份识别系统——病例管理系统（unified victim identification system-case management system，UVIS - CMS），其牙科子组件称为UVIS牙科识别模块（UVIS dental identification module，UDIM）。牙科子组件的使用比较直观和简便，使数据输入变得简单并较少出错。

数据输入错误可能会对结果造成致命影响，因为按照牙科比较算法软件的“无情”程度，一个单一的错误输入可以忽略被怀疑的对象，或将正确的记录放在ID列表的最下面。究竟需要多少数据才能可靠地判定身份，这个问题目前还没有答案。从历史上看，在手写时代和基于胶片记录的时代，法医牙科专家可以对存储数据进行一一对比，有时需要法医牙科专家亲自进行人工对比（因没有可用的程序软件），这些都是可以理解的。最细微的记录或人工观察到的信息可能是检索死后和生前两个正确匹配记录的关键。任何人都不想错过任何成功的机会，即使许多情况下从发现的遗骸中获得额外的数据是费时费力的，在某些情况下甚至是不可能的。计算机并不能像人脑那样进行比对，人脑可以将术语“粒度”分配给所收集用于比较数据的数量和深度。例如，人脑知道应该比较牙齿修复所使用的材料，而不是仅知道牙齿是否被修复。同样，人脑知道牙齿哪些面被修复更重要，并知道哪些因素在比较算法中尤为重要，如通过观察一张下磨牙中心被修复的X线片进行比对（若没有X线片，人们无法辨别修复的部位是舌侧还是颊侧，也无法确定应用了什么材料）。更重要的是，法医牙科专家可以进行实际的比较工作和提出意见。而计算机软件只能建议哪些记录在这项工作中最有成效、哪个数据点保留在生前和死后记录中，而不管它在初始比较中是否起关键作用。显然数据越多比较就越复杂，会超出人脑处理能力，计算机软件可以快速处理这些信息。这就引出了以下问题：第一，对于简单的数据，计算机处理是否可以节省大量的时间？第二，简单的数据集是否对结果有显著影响？第三，最有可能的记录是否在报告中排名前三？目前初步研究似乎表明，计算机软件对简单数据的搜索更具有实用性。

最后一个需要讨论的问题是关于法医牙科学鉴定准确性的问题。法医牙科专家如何证明自己的观点是正确的？哪里能找到所谓的根本真相？这个问题出现在许多法医学领域，也是法医学牙科学领域咬痕分析中的一个争论焦点。虽然法医牙科学鉴定出现错误是极为罕见的，但笔者曾遇到过这样一个案例，即受害者在自己的葬礼上突然活了过来，这让哀悼者大吃一惊。在某些情况下，若牙齿 ID 是由法医自己（而不是牙医）鉴定的，当遇到明显的错误时，他可将其归咎于牙医提供的资料不准确从而逃避责任；但是这个案件中，因为那个活过来的人当时已被法医断定为已经死亡，但其实他并没有死，这明显是法医的失误。法医犯错尽管非常罕见，但也存在于其他案件中。笔者还知道另一个备受关注的案件，一位母亲声称她的儿子曾被错误地认为是一个连环杀人案的受害者，但其实她的儿子很可能还活着。十多个训练有素和非常有经验的法医牙科专家对这个案件进行了复审，所有人都倾向于认定有重要的证据支持他母亲的这一意见，并且他们每个人都毫不犹豫地签署了这一意见。在这起案件中，这位母亲引用了无可辩驳的 DNA 证据，排除了遗骸是她儿子的可能性。但也有一些干预因素需要考虑：法医牙科专家所进行的身份识别是在 DNA 技术开始使用之前进行的；遗骸是在被埋藏几十年后挖掘出来的；从解剖室到埋藏地有一段距离，这个过程中遗骸是否可能被贴上了错误标签或被盗用（因这个过程已经不在法医监控范围内）；殡仪员或埋藏人员也有可能把遗骸弄混了；或者挖掘的墓穴也有可能是错的；另外，DNA 样本也可能与他人的 DNA 样本混淆。虽然此案对涉案人员意义重大，但它确实突出了先前的问题：无牙列数据库存在的情况下如何才能确定鉴定意见的正确性。在美国近 20 万名牙医的办公室里，没有关于所有牙科记录的完整数据库。牙科数据库的确很多，如大型牙科诊所、保险公司甚至国防部都有大量的牙科记录，但是，鉴于目前的州和联邦隐私法律、法规，任何法律都不会倾向于允许以鉴定为目的进行个体识别而随意公开个人的牙科数据。

法医牙科学领域仍需要加强对牙齿数据库进行相关研究。既往的研究表明,同卵双胞胎在牙齿上有明显的差异,这些差异会随着个体的年龄、牙齿的磨损模式、龋齿和修复、拔牙、受伤等的不同而产生。目前,与此问题相关的唯一数据库是一个为牙科研究服务的数据库(http://www.Odontosearch.com/en/3.2/index.html),该数据库中包含了超过10万人的牙齿信息(智齿除外)。法医牙科专家可以将一个遗骸的牙齿序列与该数据库进行比较,并用优势比或百分比表示有多少人具有相同的牙科模式。尽管比对结果可能会令人惊讶,并不能提供任何关于身份真实性的证据。当然,一个谨慎的法医牙科专家会根据案件的详细程度来考虑这些证据。例如,法医牙科专家在将模拟案例输入程序中时,如果仅输入两个被修复牙齿的信息(而未输入其他牙齿信息),则会有超过19%的数据库人口(近20 000个牙齿)共用该牙列;若改进输入信息,包括所有没有被修复的牙齿额外信息(用法医牙科术语来说是"原始牙"),即使用同样的搜索方式,仍然会得到近250个类似的牙列。

7.5　牙龄推断

近年来,牙龄推断在美国和世界其他范围内越来越流行。很多美国人认为年龄(出生日期)证明很方便,但在世界大多数地区实施并不那么容易。因为身份记录要么没有保存,要么没有提供,要么在许多情况下被销毁或篡改。在民事和刑事案件的审判中,年龄是一个重要的决定因素。在刑事案件中,有一个"责任"年龄,不同年龄青少年犯罪者受到的惩罚不同。在婚姻、投票权、法定饮酒年龄、驾照发放年龄等行政事项处理中,年龄绝对是一个需要考虑的因素。同样,在一些民事纠纷案件中,达到规定年龄可能会影响到案件审判。牙列发育特别是婴儿乳牙和恒牙的脱落/萌出,长期以来一致被认为是推断儿童和青少年年龄的重要手段。虽然有研究表明,牙龄在性别和人口亚群之间存在公认的差异,并且在大多数情况下存在12~18个月的误差范围,但有文献研究报道该方法是可用的,并将继续进行。然而,一旦达到18岁左右,牙齿及骨骼的发育接近成熟,由牙龄推断年龄的准确性此时明显下降。随着年龄的增长,误差范围甚至达到10年或更长。随着各种各样的年龄推断方法的出现,牙龄推断变得越来越不重要。在美国,因年轻人和已满18岁的成年人面临的处罚不同,判断偷渡者是否年满18岁时,牙龄推断是最常用的方法之一。因X线照相技术具有一定的辐射,该项技术一直被人诟病。目前,已经开发出牙龄推断相关软件。并且,在NIST的OSAC的指导下,相关标准、指南和最佳实践方法正在制定中。在牙龄推断这一领域,世界各地科研人员开展了大量的相关研究。

除了前面已经讨论过的死亡年龄或活体年龄,法医学界牙龄推断方法还可以估计样本起源的历史时期。如前所述,因牙齿修复技术问世时间并不久,仅仅是根据牙齿修复与否和修复类型就可能会起到一定的作用。然而,若没有牙齿修复则牙龄推断存在一定的分析难度。放射性^{14}C的半衰期也可以用在牙龄的推断上,就像在其他生物样本上一样,这些牙齿样本也将碳纳入其结构中。在20世纪50年代和60年代对该技术进行了多次试验,大气中的^{14}C大大增加,并且^{14}C被纳入食物链。因此,^{14}C的含量有可能用来确定个体是否是在1943年以后出生的。

7.6 咬痕

毫无疑问,法医牙科学最有争议的鉴定领域是咬痕分析。早期法院的质证中,咬痕证据在美国被广泛接受和依赖。然而,并非所有的咬痕分析和所有的咬痕分析专家都体现出了司法体系所要求的最高水平。迄今,尚没有诉讼案件不允许咬痕分析作为有效的法医鉴定技术。但是,在某些案件中,依然有些与咬痕分析相关的证词被认为是不恰当的。某些案件中,痕迹被认定为非咬痕证据或对先前咬痕证据的重新认定从而导致判决被搁置,甚至在某些情况下嫌疑人被改判无罪。另外,有时法医专家做出不正确的证词,如将咬伤中发现的细菌与特定的犯罪嫌疑人联系起来,引用没有事实依据的统计数据,宣称犯罪嫌疑人是排除了所有其他人的"咬人者"等后确定的。如前所述,法医学有时是永远无法得知实际真相的,同时还受到许多其他因素的影响。咬人的牙齿和牙弓形态的信息在大多数情况下是由皮肤保留并传输的,这些证据具有何种程度的可靠性?牙列的形态在多大程度上是具有唯一性的?在咬痕案例分析中,可以具体研究和确定相应程度吗?牙科分析中是否有更好的方法?这些只是该学科面临的几个基本问题,读者可参阅2018年6月*American Journal of Forensic Medicine and Pathology*上的一篇法医牙科学论文,该论文深入讨论了牙科学的许多问题。

一直以来,关于上述这些类似问题的研究并不多。过去10年中,由美国司法研究所资助的一个研究项目已经完成,但尚未得到广泛推广。广泛报道的相关研究方法包括使用正畸治疗过的牙弓、冷冻猪皮和基于"Procrustes"图像分析方法,但许多研究人员和从业者对这些研究模式并不满意。一些大学的审查委员会(Intuitional Review Boards, IRB)审查通过对志愿者使用人工下颌装置开展新的研究。目前,研究集中于记录和测量咬伤所涉及的力量,并研究咬伤对活体的影响。很有意思的一个事实是,很难复制并重建在袭击和凶杀案中造成常见伤害类型所需的力量。另外,目前还探索开展了数据库的使用和对受伤或疑似咬人者的牙齿特征的数字捕获研究。如前所述,咬痕鉴定相关的数据库目前尚未建设。广泛使用数字设备和技术来捕捉咬痕(而不是老式的印模和石膏模型)确实带来了一些希望,已识别的牙弓数据可以用于今后的研究。可以肯定地说,这一领域有很大的改进空间和巨大的研究机会。同样,NIST 的 OSAC 正在努力制定咬痕识别实践中的标准、指南和最佳技术方法。

7.7　个人虐待和牙科医疗事故及相关领域

法医牙科学感兴趣的最后两个领域是个人虐待和牙科医疗事故及相关领域。个人虐待领域涉及所有牙科医生,而且,其受害者包括各行各业的人。法医牙科学家正在与儿科牙医、长期护理机构的牙医、虐待调查员及医生和护士一起合作、记录和预防这一问题。NIST 的 OSAC 也在解决这个问题,并与美国牙科协会合作制定标准、指南和最佳实践。另外一个领域是牙科医疗事故及相关领域,如对医学牙科诊疗准确性的独立审查。这些领域通常要求提供证词以阐明该领域的护理标准并评估患者的个人状况。虽然这类鉴定不一定与法医有关,但许多法医牙科专家自愿加入这一领域,因为法医牙科专家确实熟悉司法系统,也愿意出庭作证。

7.8　结语

最后,诚如法医学其他领域所面临的挑战一样,法医牙科学领域仍然需要完善基础知识体系、提升从业者水平、更新设备、改进技术,并增强相关的基础研究。

(万雷　译)

第 8 章
法医病理学面临的机遇与挑战

Edmund R. Donoghue
佐治亚调查局，佐治亚州萨凡纳，美国

2015 年美国法医病理学的发展相对比较稳健①。法医局对法医病理学培训生的需求能够得到满足，大多数有志从事法医病理学工作的培训生都能顺利就业。随着美国经济从 2008 年的大衰退中不断复苏，法医系统获得了足够的资金支持和基础设施配置，但大量其他的系统在人员、基础设施和技术方面依然面临着严重的资金短缺问题。本章拟探讨法医病理学领域当前发展所面临的主要问题。

8.1　机遇：放射学和计算机成像技术

在此，向所有法医局推广现有的放射学和计算机成像技术，这两项技术可以轻松而显著地改善法医记录的质量。放射学技术在定位和记录子弹、异物、骨折、医疗器械和个人随身物品等方面极为有效，在记录体腔内不同部位的异常积液和积气等方面也有很大帮助。在目视或指纹鉴定无法进行个体识别的情况下，通过比较生前和死后拍摄的牙科或其他的诊断性 X 线片，有助于进行确定性或排除性的个体识别。

绝大部分法医局都能够使用一些放射学技术，但也有法医局极少甚至没有机会使用此类技术。截至 2015 年，有些法医局只使用传统的阴极射线管 X 线胶片检测，而有些法医局已经使用数字 X 线成像设备，可以在显示器上查看检查结果，并通过电子方式存储和传输。某些法医局还为特殊检查配备了增强图像的透视检查机，如用于精确定位子弹。目前有几个法医局使用低剂量全身快速 X 线扫描（LODOX）技术可在 13 s 内完成全身 X 线扫描，从而节约了大量扫描的时间。为数不多的几家法医局能够使用

① 译者注：本书的写作始于 2015 年。

特殊的计算机断层成像(computed tomography, CT)①,通过 X 线和计算机重建人体的横截面影像。缺点是 LODOX 和 CT 设备的价格比常规设备贵好几倍。此外,只有接受过培训的影像学技术专家使用此设备才能得到最好的影像结果,因为他们了解如何正确设置曝光参数,检查时能够让受试者准确地摆位并定位。相反,当解剖助理操作放射学设备时,所得到的影像数据质量较低甚至后期无法使用。如果要改进放射技术和增加运营人员,那么可能需要增加法医的经费投入。

8.2　挑战:取消解剖病理学中对法医病理学的培训要求

最近,美国病理学会(American Board of Pathology, ABP)讨论取消对解剖病理学住院医师进行法医病理学培训。美国病理学会放弃培训的要求相当于取消了对医院病理住院医师的尸检培训。由此,医院解剖病理的住院医师将不再在法医局接受培训。无法接触法医病理学,也就无法成为法医病理学住院医师和未来的法医。若发生这种情况,法医局则将不得不建立尸检病理学和法医病理学的培训计划,以满足对法医病理学专业人员的需求。幸运的是,至少目前美国病理学会还没有倾向于采纳此想法,但是法医局对此要保持警惕。

8.3　挑战:认证维护可能导致部分法医病理学家失业

认证维护(maintenance of certification, MOC)和重新考核的要求已经成为所有医生和专家的负担,美国一些州已尝试要求将认证维护作为取得医疗执照的要件。在 2006 年 1 月 1 日前,美国病理学会颁发的证书终身有效且不需要进一步维护。然而,自 2006 年 1 月 1 日起,美国病理学会所有新进的主专业和分专业证书持有人都要参加该学会的认证维护项目。参加者要通过认证维护要求参与认证维护项目并在 10 年周期内完成项目所有的中期和最终考核要求。如果证书持有人未能按时完成报告,则会收到证书失效的警告。美国病理学会的认证维护项目关注 4 个方面:① 专业性和专业地位;② 终身学习和自我评估;③ 对学识、判断力和技能的评估;④ 改进医疗实践。证书持有人每两年报告一次符合要求的进展情况,

① 译者注:本书中的 CT 在原著中为计算机轴向断层扫描成像(computed axial tomography, CAT)。

且每10年必须通过一次安全检查。

对于法医病理学专业的专职法医而言，通过法医病理学再认证考查应该不成问题，但他们在通过解剖病理学再认证考试时可能会遇到困难。因为解剖病理学中包括很多法医日常实践中从未遇见的内容。许多法医局司法管辖区要求首席法医在解剖学和法医病理学方面要得到美国法医学会的认证，未能满足所有认证维护要求并通过两机构再认证考核的法医将不再有任职资格。

8.4 挑战：标准越来越详细和严格

法医局的认证标准和尸检指南变得越来越详细和严格，尤其是在人员的要求和法医尸检数量的限制方面。最初设计的认证和尸检指南是为了确保法医局的最低运行要求。随着时间的推移，认证标准逐渐降低，但定位更加精准、严格。如今的尸检指南正变成一份典范的标准，也就是说，我们都可以在理想的条件下通过努力达到这些标准。这些标准可以通过足够的人员配置、先进的基础设施和充裕的资金来达成，但是资源缺乏时这些标准很可能就无法实现了。

8.5 挑战：联邦政府和其他机构的过度监管

目前，联邦政府和其他机构正试图加强对于法医的监管。近40年来，美国联邦政府通过法令、法规和资金对临床医学实践干预的结果表明，这些干预对临床医生和患者均不利。法医病理学家需要警惕和避免联邦政府及其他机构的过度监管。

8.6 结论

2015年，法医病理学在急需的设备、人员和基础设施方面持续面临着资金短缺问题。此外，他们还面临来自专业委员会、认证机构和联邦政府的额外监管负担。

（邹冬华　译）

第 9 章
法医精神病学和行为科学前瞻

Richard Rosner
纽约大学医学院，纽约，美国

正如一位智者所言："预测总是很困难的，尤其是对于未来的预测。"鉴于此，法医精神病学和行为科学的未来至少可以包括以下两个方面：

一方面，美国政府倡议并启动了 1 亿美元的脑研究项目，该项研究可能会提高我们对大脑功能的认识和增强专业的科学基础。

另一方面，正如 Thomas Nagel 在其新作 *Mind and Cosmos*① 中所指出，某些基本问题仍然没有得到解决或没有得到充分解决。这些问题包括：① 意识的本质；② 大脑与心灵的关系；③ 我们自由意志的主观体验是否可信（Nagel，2012）。

我们对主体责任的概念（如刑事责任）与上述这 3 个问题有着千丝万缕的联系，因此法医精神病学和行为科学领域可预期的科学进步将非常有限。

9.1 大脑倡议

2013 年 4 月，奥巴马总统宣布启动"大脑倡议"（BRAIN Initiative），这是一项大胆的新倡议，旨在彻底改变人们对人脑的认知。

"大脑倡议"是政府的"重大挑战"之一，尽管该挑战前所未有，但在科学技术进步的前提下，目标完全可以实现。自从美国前总统奥巴马宣布"大脑倡议"以来，数十家领先的技术公司、学术机构、科学家和神经科学领域的许多重要贡献者都积极响应，并对推进该倡议做出了重要承诺。为实现该倡议的目标，顶尖神经科学家还为美国国立卫生研究院（National Institutes of Health，NIH）制订了一项为期 12 年的研究计

---

① 译者注：该书作者用精短的篇幅讨论了一个科学哲学中最基本而又繁复的大问题——人类的心灵，或者我们日常所讲的"主观世界"，所有的情感、思想、道德，与之相关的感受力、判断力、思辨力，其"起源"究竟是什么。

划(https://obamawhitehouse.archives.gov/share/braininitiative)。

通过推进创新性神经技术(brain research through advancing innovative neurotechnologies, BRAIN)倡议(即“大脑倡议”)进行的大脑研究是该项研究计划的一部分,旨在彻底改变人们对人脑的理解。通过加速创新技术的开发和应用,研究人员将做出一幅革命性的大脑动态图像,从而首次显示单个细胞和复杂神经回路在时空上的交互作用。长期以来,研究人员一直在寻找治疗、治愈甚至预防大脑疾病的新方法。这张图片将填补我们目前知识的主要空白,并为探索大脑究竟是如何使人能够记录、处理、利用、存储和检索大量信息提供前所未有的机会,而这些都与思维速度相关(www.nih.gov/science/brain)。

9.2 法律和人类思维

法律特别是刑法,实际上是对人和人的心理的一系列假设。除了严格责任案件(Wachs, 2008)外,犯罪包括犯罪意图、犯罪行为和犯罪心理。违反法律不足以构成犯罪,还必须有犯罪意图。做出犯罪行为人还必须实质上具备知道自己在做什么的能力,并实质上具备对其行为的违法性(犯罪性)的鉴别能力,即有犯罪意图。为了对自己的行为承担责任,法律假定存在一个有意识的大脑,该大脑能够理性思考和自由选择自己的行为。

法医精神病学家和法医心理学家可协助法院处理涉及被鉴定人精神状态的刑事和民事问题。“大脑倡议”和神经科学通常涉及解剖学和生理学问题。几乎没有人怀疑大脑状态和精神状态之间存在着重要的联系和关联。然而,大脑状态产生精神状态的确切因果机制尚不明确。

9.3 相关性并非因果关系

毫无疑问,大脑事件往往与精神事件有关。目前的难题是这些事件相关性的性质和意义。如同在日食期间,非洲汤姆鼓总是跟随着太阳的恢复而响起,这就是相关性和因果关系之间差异的一个例子。

> “当 A 和 B 之间存在可靠的相关性时,有 3 种可能的因果解释。A 引起 B,B 引起 A 或者 A 和 B 都由其他原因引起。此外,可能 A 和 B 实际上是同一个东西,即使它们看起来不是(如水和 H_2O,或晨星和晚星)。”
>
> ——引自 *Blackmore*, 2005, 21~22 页

9.4　意识的理论

有许多理论声称可以解释意识现象(Taylor, 1992, p.9~34)。

第一种理论是互动主义。“……虽然一个人的思想不是一种物质的东西,但思想内部发生的事件有时会在身体内部产生因果关系或影响。相反,尽管一个人的身体显然不是精神或非物质的东西,但发生在身体内的事件,特别是神经系统和大脑内的事件,有时会在头脑或意识内产生因果关系或影响”(Taylor, 1992, p.18)。

第二种理论是副现象主义。“……根据这一理论,如思想、表象、观点和感情等精神实体,从来不会作为原因进入任何物理过程,因此也不会对身体或身体的任何部分产生作用;但是,如果不总是这样的话,有时则会影响躯体生理过程,尤其影响神经系统内部过程”(Taylor, 1992, p.25)。

第三种理论是唯物主义。“……我可能只是我身体各部分的总和,各部分适当关联,通过说我是一个活的身体,或是一个有生命的物质性的动物有机体的表达方式进行功能的整合”(Taylor, 1992, p.11)。

第四种理论是理想主义。“理想主义者否认物质的存在,认为所有的身体,包括自己的身体,在某些头脑中只作为思想而存在”(Taylor, 1992, p.26)。

第五种理论是双方面主义。“……认为只有一种物质,我们所说的‘心灵’和‘身体’只是其中的两个方面”(Taylor, 1992, p.26)。

第六种理论是平行主义。“……人们一直认为,作为不同物质的思想和身体永远不会相互作用,但它们各自的历史却似乎有着因果联系”(Taylor, 1992, p.26)。

第七种理论是偶然性理论。“……坚持认为,一个人所有精神生活都是由上帝引起的,上帝时刻确保这种精神生活与身体中正在发生的事情密切相关”(Taylor, 1992, p.26)。

第八种理论是预先确立的和谐理论。“……平行性是由上帝创造的,上帝在创造一个人时预先安排,精神和身体的发展应该始终保持密切的对应关系,而不是相互影响……”(Taylor, 1992, p.26)。

9.5　意识的难题

唯物主义的一个流行版本是功能主义,即精神状态是大脑状态的功能。例如,驾驶是汽车的一种功能状态。理论上,意识可能是大脑的一种功能状态。我们确切地知道汽车驱动的机械原理。然而,我们并不知道在解剖学和生理学上大脑如何产生意识的主观体验。这个持续不断的谜题通常被称为"意识的难题"。

"一个纯粹由物质构成的大脑,怎么可能产生有意识的体验或无法形容的感受呢?主观经验是如何从客观大脑中产生的?"(Blackmore, 2005, p.1~16)。

做你自己是什么感觉?答案需要描述你的主观意识体验。有意识意味着有一些东西是你(或其他人)的感觉。不能询问"那是什么感觉?"的所有东西都不是意识。

主观体验就是意识,是你对事物的感觉,与客观形成对比。

感受感是你所具有的主观体验的感觉,如玫瑰的香气、彩虹的颜色、毛皮的柔软感和菠萝的味道。这些都是意识所独有的。

9.6 意识与自然科学的失败

> "自然科学把我们这样的生物描述为客观时空秩序的一部分——我们在空间和时间上的结构和行为,但它们不能描述生物的主观经验,也不能描述世界在物理科学的特定观点下是如何呈现的。对于产生经验的神经生理学过程和与之相关的典型生理行为,可以有一个纯粹的物理描述,但是这样的描述,无论多么完整,都会遗漏掉体验的本质属性——从主体的角度看体验是怎样的——没有它,这种体验就根本不是一个有意识的体验。"
>
> ——引自 *Nagel*, 2013

Colin McGinn 认为,我们通过内部第一人称("我")的内省了解大脑,通过外部第三人称("他、她、它")的观察了解大脑,因此这两种信息没有共同的基础,因而从本质上不可能理解生理大脑和非物质大脑是如何联系起来的。"事实上,任何观点都不允许我们将大脑的可观察特征与其不可见的意识特征结合起来"(McGinn, 1996)。

9.7 自由意志的难题

> "我们是否能够控制我们的行为,以及这种控制需要什么和

涉及什么，我们拥有它是否重要及为什么重要。”

——引自 *Pink*, 2004, 2 页

持续存在的争论之一是自由意志是否存在，它是否仅仅是一种幻觉。“因果决定论是指所有发生的事情，包括你自己的行为，都已经在因果决定的情况下发生。所有发生的事情都是源于之前的原因……”（Pink, 2004, p.13）

“尽管如此，大多数人都坚信（至少部分相信）你的行为是‘由你决定的’，你可以自由决定参与哪些行为（或不作为），这是一种主观经验”（Taylor, 1992, p.35~53）。“我们的假设是，我们对自己行为的控制取决于我们的行为，而不是事先由我们所处的环境、天生的基因、无法控制的欲望和感觉等控制因素之外的因素来决定。我们自然而然地做出的这种假设被称为不相容。所谓不相容是因为它说自由与我们如何由我们无法控制的因素采取行动的因果预设是不相容的……行动自由的自由主义结合了不相容性和进一步的信念，即我们确实拥有对我们行动方式的控制”（Pink, 2004, p.13）。

法律假定我们对自己的行为负责，因为我们自由地选择了它们。一般来说，如果我们别无选择，如果我们不能自由地决定行动与否，那么我们对我们的身体行为将不负责任。“……在我们的法律制度中，当法院惩罚人们并依法追究他们的责任时，人的自由也是先决条件……只有当被惩罚的人能够控制自己的行为，他们能真正决定是否按自己的行为行事，那么，惩罚才是公平的”（Pink, 2004, p.9~10）。

9.8　底线

Thomas Nagel 教授在 *Mind and Cosmos* 一书中提出的论点是：自然科学包括神经解剖学、神经生理学和一般神经科学都无法解释主观性。这并不是说我们目前缺乏未来才有的信息或技术技能。确切地说，神经科学的物质领域与个人主观性的非物质领域（如意识、大脑与心灵的关系和自由意志）有着本质上的区别，前者永远无法解释后者。大脑状态和精神状态之间的鸿沟永远无法逾越。因此，“大脑倡议”和类似项目在神经科学方面的进展并不能消除法律概念，如犯罪意图、预谋的恶意、责任等。

就目前所见，法医精神病学和行为科学的未来发展将以神经科学的新

发现和法律对从业者提出的持续不断的问题为标志。

（张钦廷　译）

本章参考文献

Blackmore, S. (2005). *Consciousness.* Oxford: Oxford University Press, pp. 1-16, 21-22.

McGinn, C. (1996). *The Character of Mind*, 2e, 46. Oxford: Oxford University Press.

Nagel, T. (2012). *Mind and Cosmos: Why the Materialist Neo-Darwinian Conception of Nature Is Almost Certainly False.* Oxford: Oxford University Press.

Nagel, T. (2013). The Core of "Mind and Cosmos", *The Stone*, *The New York Times* (18 August).

Pink, T. (2004). *Free Will.* Oxford: Oxford University Press, pp. 2, 13, 9, 10.

Taylor, R. (1992). *Metaphysics*, 4e. Englewood Cliffs, NJ: Prentice Hall, pp. 11, 18, 25, 26, 9-34, 35-53.

Wachs, R. (2008). *Law.* Oxford University Press, pp. 48, 50-51, 58, 132.

第 10 章
文件鉴定前瞻

John L. Sang[1], Linton A. Mohammed[2], Carl R. McClary[3]
[1]文件鉴定人,纽约州拿骚县,美国
[2]文件鉴定人,司法鉴定顾问有限公司,加利福尼亚州伯灵格姆,美国
[3]文件鉴定人,烟酒火器及爆炸物管理局,佐治亚州亚特兰大,美国

在美国,法庭上使用文件鉴定证据和证词已经有一百多年的历史,世界范围内的法庭上使用文件鉴定(尤其是笔迹鉴定证据和证词)的历史更为悠久。文件鉴定人(forensic document examiners, FDE)有时被称作笔迹专家,由当事双方的律师向法庭提出。全美各地司法管辖区都有在法庭上或判决中审查鉴定人资格的规则。各个法院对于接收存疑和已知文件作为证据也都有额外的规定。

在探究本领域的前沿研究和技术之前,需先阐释文件鉴定人的职责和工作范围并将其作为基础。

10.1 什么是文件鉴定人

文件鉴定人不仅可以从事笔迹鉴定,还可以从事其他类型的检验。美国材料与试验学会(American Society of Testing and Materials International, ASTM)的标准 *The Scope of Work of Forensic Document Examiners* 第E444 -09 号文件中规定了文件鉴定人的工作范围。2012 年 1 月 4 日,文件鉴定科学工作组(Scientific Working Group for Forensic Document examination, SWGFDOC)发布了一封信,称他们现在被委派"为法庭科学共同体的成员创建、准备和发布标准指南"。此前,工作组已向 ASTM 提交了标准草案(www.SWGDOC.org)。文件鉴定人科学工作组(Scientific Working Group for Questioned Documents, SWGDOC)标准规定了文件鉴定人,也称为可疑文件鉴定人(questioned document examiners, QDE)的职责,以及可疑文件鉴定人、文件检验员或文件分析员的鉴定程序。

职责概述——文件鉴定人对文件进行科学检验、比较和分析，目的有以下几个。

1）查明文件的真伪，揭露伪造，揭示篡改、添加或删除。

2）认定或排除笔迹的书写人。

3）认定或排除打字机和其他印记及相关证据的来源，必要时出具报告或提供证词以帮助委托方理解鉴定人的发现①。

文件鉴定人是指符合先前提到的 ASTM 第 E2388－11 号文件规定的最低培训标准，同时满足文件 SWGDOC 规定的文件鉴定人最低培训要求，以及 AAFS、美国可疑文件鉴定人协会（American Society of Questioned Document Examiners, ASQDE）和其他相关的区域性的文件鉴定部门的要求，并且由美国文件鉴定委员会（American Board of Forensic Document Examiners, ABFDE）认证的个人②。

> “文件鉴定在刑事司法程序中发挥着重要作用。文件的真实性问题几乎出现在所有伪造、涉及赎金的绑架、诈骗和挪用公款的犯罪案件中。此外，凶杀、盗窃、抢劫、纵火、入室盗窃等犯罪中也可能会出现可疑文件证据需要甄别。”
>
> ——引自 *Moenssens and Inbau*, 1978, 464 页

此外，文件鉴定人也处理民事案件，并且许多鉴定人独立于司法机关之外。民事案件通常涉及遗嘱纠纷、有争议的合同和专利。

> “文件鉴定人的作用不限于鉴别一些笔迹样本或打印样本是否来源于嫌疑个体，他们还关注伪造检测的其他方面。其中包括文件的真实性和形成时间，破译刮擦、消失褪色、烧毁或水浸的文件，复原褪色或化学消退文字、残缺的文字，甄别是否换页，研究纸张水印和印刷、复制和复印的过程及发现变造。”
>
> ——引自 *Moenssens and Inbau*, 1978, 464 页

---

① 原著作者注：ASTM 标准，100 巴尔港 Dr.PO BoxC－700 西康绍肯，宾夕法尼亚州19428－2959，美国鉴定人标准 E444－09（ASTM International, 100 Barr Harbor Dr. PO Box C－700 West Conshohocken, Pennsylvania 19428－2959, United States Scope of Work of Forensic Document Examiners in Standard Guide E444－09），这一工作范围也可作为 SWGDOC 的标准，详见 www.swgdoc.org。

② 原著作者注：并不是所有自称为文件鉴定人的人员都能满足文件鉴定最低培训要求并可以遵循公布的标准、遵守道德标准进行文件鉴定。

在 Riordan 等(2012)的文献中,从第 9 章第 14 页开始,详细地阐述了可疑文件鉴定人的历史渊源,这些历史为我们展望文件鉴定的未来发展提供了背景。经过 Bill 的允许后,笔者在此提供了这些内容。

10.2 文件鉴定的起源

文件的制作者和真实性的争议自古以来就有,古罗马法律规定了文件相关的专家证词可以作为证据使用(Huber and Headrick, 1999)。1562 年,英国议会宣布伪造文件为法定罪行。1684 年,笔迹比对被裁定为叛国案件中的可靠证据。1762 年,英国法院裁定:笔迹是可被识别的。这在当时是一项重大的法律措施(Levinson, 2001)。

早期的法庭有时会聘请辨认证人,即熟悉某位书写人的笔迹并愿意出庭作证的人(Huber and Headrick, 1999)。使用具有专门技能的人和将已知样本与可疑笔迹进行比对逐渐成为更被认可的做法。在以英语为母语的国家的法庭上,第一个有特殊资质的证人出庭作证的案件是 Goodtitle d. Revett 诉 Braham 案(Goodtitle d. Revett v. Braham, 1792),该案中笔迹专家是对可疑笔迹与已知笔迹进行了比对,而不只是依靠辨认。该案中有两名专家被承认具备特殊资格,因为他们具有担任法兰克检察员的经历(Huber and Headrick, 1999)。

直到 19 世纪末,美国几乎没有文件鉴定的书面历史记录,但有法院判决中的记录,尤其是在 1800 年以后,法庭判决中出现了个人对笔迹鉴定进行验证的记载。但直到 1870 年之后(Hilton, 1979; Levinson, 2001),专家的姓名才在记录中出现。1808 年的 *Louisiana Code*(1808 年 *Louisiana Code*,306 页,第 226 条)规定,在解决书写人问题时,一个可疑签名“必须由两个具有笔迹判断能力的人确定”,然后基于可疑签名与已知签名的比较来确定书写人。仅仅几年后,在路易斯安那州 Sauve 诉 Dawson 案(美国法院第 2 卷第 203 号,1812)中,笔迹专家将本票上的签名与被告签署的上诉保证书进行比对,并确定其为真实签名(Louisiana Supreme Court, 1854)。

这些早期案件符合普通法的规则,该规则规定可疑笔迹只能与案件中现有证据中的已知笔迹进行比较。但在 1814 年,马萨诸塞州及后来在康涅狄格州和佛蒙特州的法院判决取消了这一限制,并允许接纳其他书面样本(Hilton, 1979),这极大拓展了笔迹比对作为案件证据的可能性。

19 世纪中叶,Junius Letters 案件使文件鉴定行业获得了司法界的广泛认可。1770 年左右,署名 Junius 的作者撰写并发表了一系列信件,讨论英国当时的自由、政治和政府的许多有争议的问题。数十年来人们一直在猜测 Junius 的真实身份。作为文件鉴定领域最早的从业者之一,Charles Chabot 通过笔迹鉴定得出的结论是 Junius 就是 Philip Francis 爵士(Chabot and Twisleton, 1871)。他清晰、透彻地陈述了自己的证据和结论,这有助于确立文件鉴定在英国法律体系中的地位(Levinson, 2001)。

19 世纪 80~90 年代的法律判决确立了笔迹证据的重要性,墨迹检验作为证据也被采纳,1893 年,法庭首次采纳打印机识别的证据(Levinson,2001)。几位早期鉴定人员撰写了有关文件鉴定的书籍,这些书籍于 19 世纪 90 年代出版,分别是 William Elijah Hagan 撰写的 *A Treatise on Disputed Handwriting*(1894),Persifor Frazer 撰写的 *Manual for the Study of Documents*(1894)和 Daniel T. Ames 撰写的 *Ames on Forgery*(1899, 1900)。

10.3 Albert S. Osborn 和 ASQDE 的成立

Albert S. Osborn(1858~1946 年)被公认为是现代文件鉴定的创始人。他的职业生涯始于纽约罗切斯特大学商学院(Rochester Business Institute),其在罗切斯特大学商学院担任书法教员。当时,律师通常会聘请书法教员来检验有争议的笔迹案件并请其提出意见。据记载,Osborn 曾在 1887 年担任文件鉴定人,并开始发表有关文件鉴定的文章(Hilton, 1979; Levinson, 2001)。

1910 年,他出版了《可疑文件》(*QD*)一书。这是一部经典著作,汇集了 20 世纪形成的文件鉴定领域的基本原理,扩大了文件鉴定的范围,包括打印文件、墨水和纸张的鉴定。通过他的著作、演讲和证词,笔迹鉴定开始在法院和社会中被越来越广泛地接受(Hilton, 1979; Huber and Headrick, 1999)。

1929 年,他出版了《可疑文件》(第二版)。在整个职业生涯,他撰写了多本著作,发表了多篇有关文件鉴定和专家证词的文章,还撰写了大量有关法庭程序、专家证词、法庭陈述和法律判决的文章,并分别于 1922 年出版了 *The Problem of Proof*、1937 年出版了 *The Mind of the Juror*(Hilton, 1979)。

同样在这段时间里,西北大学法学院(芝加哥)的 John H. Wigmore 教授的著作也使文件鉴定受到了进一步的关注和认可,他还为 Osborn 的著作撰写了导言。Wigmore 教授是美国证据法领域的权威,在世纪之交前后为专家证言和文件鉴定作为证据被法庭认可做出了巨大贡献(Hilton, 1979; Huber and Headrick, 1999)。

1913 年,Osborn 同另一位文件鉴定人 Elbridge W. Stein 会见,探讨笔迹鉴定的相关问题,并发起了一个交流和研究的项目。1914 年,在新泽西州蒙特克莱尔的 Osborn 住所内举行了一次大型学术会议。随着笔迹鉴定的影响力与日俱增,会议每年举行一次,但仅限于受邀者参加,参与者每年需要提交一篇论文,然后进行小组讨论。1942 年,Osborn 和其他 14 名主要文件鉴定人正式组建了 ASQDE, Osborn 成为第一任主席(Levinson, 2001; The Origin of the ASQDE, n.d.)。

直到 20 世纪 20~30 年代,文件鉴定人一直在私营部门工作。他们大多数人担任书法指导,也有一部分从事其他职业,如银行家、石版画家、雕刻师、书记员和警察(Hilton, 1979; Huber and Headrick, 1999; Levinson, 2001)。同时期,美国成立了第一个联邦、州和地方犯罪实验室。20 世纪 30 年代,有两名文件鉴定人在标准局和财政部为联邦政府做可疑文件鉴定工作(Hilton, 1979)。1938 年,美国警方的第一个可疑文件实验室开始在芝加哥运作。

10.4　Ordway Hilton 与 AAFS 的成立

1948 年 1 月,在第一届美国法医学代表大会(American Medico-legal Congress)上,美国邮政检验局的文件鉴定人 George Swett 做了大会发言。该大会是 AAFS 的前身。1948 年 10 月,R. B. H. Gradwohl 博士在纽约皮埃尔酒店召开了指导委员会会议,文件鉴定人 Hilton 和 Osborn 出席了会议。

1950 年,AAFS 通过了章程和细则,设立了 7 个部门,而 ASQDE 的创始成员和第一副主席 James Clark Sellers 成为文件鉴定部门的第一任主席。1951 年,第三届学术会议开始有可疑文件鉴定人参与。1952 年,部门主席 Hilton 开始函授,促进了 AAFS 文件鉴定部门的发展。由于 Hilton 主席的努力,在秘书 David J. Purtell 的协助下,部门成员的人数不断增长,并且在 1953 年的 AAFS 会议上,文件鉴定部门举行了第一次会议,讨论了一系列技术论文。目前,该部门随着犯罪实验室的发展而不断发展。成立之初,ASQDE 的大多数成员都不愿与社团以外的鉴定人会面并分享他们获得的知识。Donald Doud 是一位受人尊敬的私人鉴定人,也是 ASQDE 中的成员,他与 Hilton 一起说服了社团成员,使他们支持 AAFS。Hilton、

David J. Purtell 和 Donald Doud 是致力于组建文件鉴定部门的真正先驱。在他们的努力下，来自各个地区的政府及私人文件鉴定人（包括 ASQDE 的成员）支持并最终加入了 AAFS 的文件鉴定部门。从历史上看，有非常多的文件鉴定人具有 AAFS 和 ASQDE 的双重成员资格文件（Hilton, 1979; ABFDE, n.d.）。

Hilton 先生在西北大学获得了数学和统计学学位，该大学在法学院内设立了犯罪调查实验室（即西北实验室）。西北实验室建立于 20 世纪 20 年代末。1938 年，西北大学法律教授 Emeritus Fred Inbau 在西北实验室向芝加哥市警察局的过渡过程中发挥了重要作用。同年，从事文件鉴定的 Hilton 被 Inbau 教授选为芝加哥警察局的第一位文件鉴定人。Hilton 先生因其在文件鉴定领域的成就而备受推崇并获得国际认可，他出版了关于铅笔涂改的专著，在科学和法律期刊发表了 90 多篇文章，此外还在全国各地的法学院演讲文件鉴定知识。1959 年 Hilton 担任 AAFS 的主席、1960 年他担任 ASQDE 的主席，并被协会授予杰出会员的荣誉。为了表彰他在文件鉴定领域的杰出贡献，他被授予了首个 AAFS 文件鉴定部门奖，并设立了以他的名字命名的“Ordway Hilton 奖”。Hilton 先生和他早期文件鉴定部门的同事一样，也通过了 ABFDE 的认证。

10.5 国际法庭科学/司法鉴定协会的成立

1965 年，第一届国际法庭科学/司法鉴定协会（International Association of Forensic Sciences, IAFS）大会联合法医免疫学、医学、病理学和毒物学的国际会议一起在英国伦敦举行。AAFS 文件鉴定部门的成员及 ASQDE 的成员参加了此次会议。自 IAFS 成立以来，文件鉴定一直是协会三年一届的会议中最具有代表性的司法鉴定学科之一。IAFS 促进了司法鉴定领域的国际交流，包括专业知识研究和实践标准的确立。

10.6 关键问题

10.6.1 资格认证

20 世纪 70 年代，由于需要确认司法鉴定领域中合格的专业人员，在美国引发了关于建立人员认证委员会的讨论。由此，司法部意识到，他们需要支持这些专业委员会的发展。“司法部通过执法协助管理局（Law

Enforcement Assistance Administration, LEAA)资助了司法鉴定学科认证计划。该计划在 AAFS 的主持下进行,组建了包括法医毒物学、法医牙科学、法医精神病学与行为科学、法医人类学和文件鉴定方面的认证委员会”(Crown, 1989)。

资格认证与 ABFDE

1974 年,AAFS 认证委员会成立,Kurt M. Dubowski 博士当选为主席,该委员会提出建立法庭科学/司法鉴定认证计划。1975 年,认证委员会的报告提交给了 AAFS 主席兼中央情报局文件鉴定实验室负责人的 David A. Crown 博士。报告发布后,法庭科学/司法鉴定基金会(Forensic Science Foundation)获得了 LEAA 的资助,筹划成立 ABFDE。1977 年,ABFDE 在哥伦比亚特区成立,John J. Harris 担任主席、James J. Horan 担任副主席、James H. Kelly 担任秘书,Maureen Casey Owens 担任财务主管。

“委员会的目标是为文件鉴定人员建立、增强和保持资格标准,并认证那些符合委员会要求的自愿申请人成为有资质的专家。”每位候选人的个人教育,专业教育、培训,经验及通过正式的三部分考试程序都是认证的基础(ABFDE,日期不明)。

> “到 1980 年,已有 100 多名专家通过了 ABFDE 的认证并获得了资格证明。可疑文件委员会的认证与医疗领域中各种类型的专家资格委员会的认证有些相似。换句话说,尽管不是对许可或管理业务进行强制或法定的认可,但这是高质量专业委员会对专业知识的正式认可。”
>
> ——引自 *Crown*,1989 年

10.6.2　标准化

10.6.2.1　AAFS 可疑文件鉴定意见术语工作组

1990 年,AAFS 可疑文件鉴定意见术语工作组的成员 Thomas V. McAlexander、Jan Beck 和 Ronald Dick 在 AAFS 年度会议上提交了题为“委员会建议：笔迹鉴定意见术语标准化”(Committee Recommendations: The Standardization of Handwriting Opinion Terminology)的论文,次年该论文刊登于 *Journal of Forensic Sciences*。AAFS 的可疑文件部门和 ABFDE 接受了该术语量表(九级量表)中鉴定意见的表述。该量表中的肯定和否

定术语允许表达各种不同的确定程度。

受可疑或已知文件的限制,文件鉴定可能难以得出确定性的结论,因此需要限制性的结论。可疑文件的限制(如文件复制过程、有限的清晰度和简洁性及物理损坏)及已知文件的限制(如样本可比性不足、数量限制、样本经过伪装、缺乏同期样本)是阻碍鉴定的常见因素,其可能导致限制性的结论。作者在标准中使用"可能"和"概率"("probable""probably"或"probability")来解决这个问题。"笔迹鉴定意见的'概率'并不等同于统计量度,而是基于科学原理和方法对鉴定人信心的量度。经过经验判断,得出的意见是正确的。的确如此,因为概率与定性和定量过程有关。"(McAlexander et al., 1991)。

接受标准化的笔迹鉴定意见术语是文件鉴定领域的一项重大成就。而这个过程历经全美各地文件鉴定人之间进行的大量的辩论和妥协。在使用此标准术语之前,文件鉴定领域中相关表述千差万别,有碍对术语限制性的结论进行清晰、统一的理解。

"委员会建议:笔迹鉴定意见术语的标准化"(*Committee Recommendations: The Standardization of Handwriting Opinion Terminology*)是《ASTM E1658 文件鉴定人鉴定意见的标准术语》(*ASTM E1658 Standard Terminology for Expressing Conclusions of Forensic Document Examiners*)的基础,该标准术语由 ASTM E30.02 可疑文件鉴定专业委员会起草并通过。

10.6.2.2 ASTM 国际组织

ASTM 国际组织(前身为 ASTM)是世界上最大的自愿性非营利性的标准学术组织之一。1970 年,ASTM E30 法庭科学/司法鉴定委员会(Committee on Forensic Science)成立,旨在制定司法鉴定领域的相关标准。设立 E30.02 可疑文件鉴定专业委员会是为了制定文件鉴定的标准。ASTM 程序适用于标准起草过程:先将草案提交给 E30.02 可疑文件鉴定专业委员会,由该委员会可在年度会议上审议表决;再将草案提交给 E30 法庭科学/司法鉴定委员会,E30.02 可疑文件鉴定专业委员会和 E30 法庭科学/司法鉴定委员会在第二年的年度会议上进行最终评估和表决;最终按照 E30 法庭科学/司法鉴定委员会的要求批准发布。E30.02 标准是在 E30.02 可疑文件鉴定专业委员会的辛勤工作下推进实施的。

10.6.2.3 可疑文件科学工作组

可疑文件技术工作组(Technical Working Group for Questioned

Documents，TWGDOC）始建于 1997 年，是司法鉴定领域第一批技术工作组之一。可疑文件技术工作组在华盛顿特区的不同地点展开工作。这个由来自私人机构及联邦、州和县实验室的文件鉴定人组成的国家小组在 1999 年更名为 SWGDOC。1999 年之后，弗吉尼亚州匡蒂科（Quantico，Virginia）的美国联邦调查局国家学院也为 SWGDOC 和其他科学工作组提供了交流空间。

SWGDOC 通过 ASTM 国际组织发布标准，草案文件由各个法医学科部门进行审查。SWGDOC 通常由 5～7 人组成，编写草案或修改稿在送审前经过其他小组审查，然后作为草案提交 ASTM 国际 E30.02 可疑文件鉴定专业委员会。

> “SWGDOC 的任务是召集文件鉴定领域的代表，以确定文件鉴定专业的范围和实践标准；制定标准化操作程序、规程和术语；巩固和加强文件审查的专业性；促进自我管理、编写文献、培训、继续教育和研究。”
>
> ——引自 *SWGDOC*，日期不详

总之，文件司法鉴定不仅限于笔迹鉴定（Riordan et al.，2012）。它还包括以下方面的鉴定。

1）办公机器。

2）纸张和墨水种类识别与时间鉴定。

3）涂抹、篡改痕迹，压痕鉴定。

4）伪造文件鉴定。

文件鉴定人经常与其他专家合作从而对文件和证据进行全面鉴定。其中包括 DNA、墨水、纸张、塑料、潜在印刷品、炸弹残留物的成分和数字数据的收集。例如，纽约警察局警员 John Sang 曾负责处理一起涉及复制件、计算机和传真机鉴定的专利认定案，他建议让新式数字成像部门（New Digital Imaging Section）的 Allen Brill 跟法律团队一同前往罗马，并由 Allen Brill 承担大部分的鉴定工作。因此，不同学科专家的通力合作能使我们更容易发现有关文件和其他证据的事实真相（形成过程）。

John 很幸运，他曾在纽约警察局犯罪实验室的文件鉴定部门专门处理涉恐案件长达 7 年之久。该部门文件鉴定人一度多达十几名，此外 John 拥有 100 多位化学家和其他领域相关专家的丰富资源，可以协助他办案。John 担任文件鉴定部门的主管时，他从其他实验室部门招募化学、血清学、

刑事科学等专业人员，以便扩展本部门的知识基础。实际上，John 的父亲也是一名文件鉴定人，由文件鉴定部门从实验室化学部门招聘而来，后来成为美国纽约邮政服务实验室（United States Postal Service Laboratory）（纽约）的副主任。

10.7 标准实践

文件鉴定人的两个重要的运行标准如下：

一是笔者在前文中提到的 SWGDOC 中的文件鉴定人的工作范围，即 ASTM E444 - 09；二是 SWGDOC 中的文件鉴定人的最低培训要求，即 ASTM E2388 - 11。

该标准提供了文件鉴定人应使用的最低要求和程序。所概述的程序以文件鉴定人领域公认的知识和经验为基础。通过遵循标准中的要求和程序，合格的受训鉴定人可以获得能够可靠地执行工作时所需的科学、技术和其他专门知识、技能和经验①。

SWGDOC 为文件鉴定领域制定标准和指南。SWGDOC 由美国的地方、州和联邦实验室的私人鉴定人和官方鉴定人组成。SWGDOC 创立于 1997 年，当时称作可疑文件技术工作组，1999 年更名为 SWGDOC，并于 2001 年经历了重组。2000 ~ 2012 年，SWGDOC 通过 ASTM 发布其标准。2012 年，SWGDOC 不再通过 ASTM 发布标准，像其他所有的科学工作组一样自行发布标准。关于 SWGDOC 的更多详情，可以访问他们的网站——www.swgdoc.org。

SWGDOC 标准对所有文件鉴定人免费开放，并一直不断地更新、改进现有标准和制定新标准。SWGDOC 标准的制定和发布是来自公立和私营部门的许多鉴定人及法律和学术界人士共同努力的结果。在这一过程中，广泛的精力投入和广泛的同行审查产生了最高质量的标准，以确保检测结果的可靠性。

SWGDOC 现行标准如下：

1）《SWGDOC 文件鉴定人工作范围标准》（*SWGDOC Standard for*

① 原著作者注：ASTM 标准，100 巴尔港 Dr.PO BoxC - 700 西康绍肯，宾夕法尼亚州 19428 - 2959，美国文件鉴定人最低培训要求标准 ASTM E2388 - 11（ASTM International，100 Barr Harbor Dr. PO Box C - 700 West Conshohocken, Pennsylvania 19428 - 2959, United States Minimum Training Requirements for Forensic Document Examiners formerly ASTM Standard E2388 -11），该标准也可是文件鉴定人科学工作组的标准，详见 www.swgdoc.org。

Scope of Work of Forensic Document Examiners)。

2)《SWGDOC 书写油墨比较检验方法标准》(*SWGDOC Standard for Test Methods for Forensic Writing Ink Comparison*)。

3)《SWGDOC 文件鉴定人结论表述标准术语》(*SWGDOC Standard Terminology for Expressing Conclusions of Forensic Document Examiners*)。

4)《SWGDOC 书写油墨鉴定标准》(*SWGDOC Standard for Writing Ink Identification*)。

5)《SWGDOC 可疑文件鉴定相关术语》(*SWGDOC Terminology Relating to the Examination of Questioned Documents*)。

6)《SWGDOC 机械支票打印机压痕鉴定标准》(*SWGDOC Standard for Examination of Mechanical Checkwriter Impressions*)。

7)《SWGDOC 干密封压痕鉴定标准》(*SWGDOC Standard for Examination of Dry Seal Impressions*)。

8)《SWGDOC 一次性薄膜色带和打印文本断裂图案和纸张纤维压痕鉴定标准》(*SWGDOC Standard for Examination of Fracture Patterns and Paper Fiber Impressions on Single-Strike Film Ribbons and Typed Text*)。

9)《SWGDOC 文件司法鉴定中剪切、撕裂和穿孔纸张物理拼接标准》(*SWGDOC Standard for Physical Match of Paper Cuts, Tears, and Perforations in Forensic Document Examinations*)。

10)《SWGDOC 橡皮图章印文检验标准》(*SWGDOC Standard for Examination of Rubber Stamp Impressions*)。

11)《SWGDOC 笔迹鉴定标准》(*SWGDOC Standard for Examination of Handwritten Items*)。

12)《SWGDOC 压痕鉴定标准》(*SWGDOC Standard for Indentation Examinations*)。

13)《SWGDOC 纸张无损鉴定标准》(*SWGDOC Standard for Nondestructive Examination of Paper*)。

14)《SWGDOC 篡改文件鉴定标准》(*SWGDOC Standard for Examination of Altered Documents*)。

15)《SWGDOC 文件鉴定人最低培训要求标准》(*SWGDOC Standard for Minimum Training Requirements for Forensic Document Examiners*)。

16)《SWGDOC 喷墨打印文件鉴定标准》(*SWGDOC Standard for Examination of Documents Produced with Liquid Ink Jet Technology*)。

17)《SWGDOC 激光打印文件鉴定标准》(*SWGDOC Standard for*

Examination of Documents Produced with Toner Technology)。

18)《SWGDOC 打字制品鉴定标准》(*SWGDOC Standard for Examination of Typewritten Items*)。

19)《SWGDOC 烧毁文件保存标准》(*SWGDOC Standard for Preservation of Charred Documents*)。

20)《SWGDOC 浸损文件保存标准》(*SWGDOC Standard for Preservation of Liquid Soaked Documents*)。

21)《SWGDOC 文件司法鉴定中图像获取和保存技术标准》(*SWGDOC Standard for Use of Image Capture and Storage Technology in Forensic Document Examination*)①。

OSAC 组织于 2015 年成立,文件司法鉴定分委会是创始委员会之一。物理/形态证据分委会包括以下鉴定项目。

1)可疑文件。

2)血迹(溅)形态分析。

3)乳突纹线。

4)枪弹和工具痕迹。

5)足迹与轮胎痕迹

文件鉴定小组的委员十分关注以下标准和指南领域的研制,具体包括以下几个领域。

1)笔迹来源。

2)机制文件打印、打字文件或其他压痕和印记来源。

3)文件制作材料和机具。

4)真实性和变造。

5)保存和(或)恢复可读性辨识。

6)文件记录和鉴定报告。

7)培训和资质。

预计 OSAC 将在今后文件鉴定学科的标准制定方面发挥关键作用,AAFS 标准委员会已着手开始修订先前发布的标准。

10.8 多伯特规则和文件鉴定人

文件鉴定是最早认真应对多伯特规则挑战的法庭科学/司法鉴定学科

---

① 原著作者注:上述 21 项 SWGDOC 标准详见 www.swgdoc.org。

之一,文件鉴定人的第一个挑战始于 1995 年的“Starzecpyzel 案”。当时,法官裁定,文件鉴定人的专业知识是技术知识或专业知识,不属于多伯特规则的范畴。

我们向 AAFS 主席提出建议,并解释多伯特规则将在很短的时间内对学会所有学科产生影响。1999 年,最高法院对“US 诉 Kumho 案”的判决中裁定多伯特规则适用于包括科学家和非科学家在内的所有专家证言。尽早接触多伯特规则使我们能够抢先一步为即将发生的事情做好准备。文件鉴定人多伯特小组(FDE Daubert Group)对法官开展教育培训,并寻求后续研究资金支持。我们获得了研究资金并在研究中取得了长足的进步。

“文件鉴定的转折点发生在 2002 年 3 月‘US 诉 Prime 案’的听证会上”。笔迹个体特性的基本理论得到笔迹特征计算机测量研究及几项已发表的研究的支持,这些研究证明文件鉴定人有能力始终如一地区分双胞胎笔迹。Moshe Kam 博士的研究不仅提供了该行业鉴定的错误率,还使法官相信他的研究结果并取代了之前任何基于 20 世纪 80 年代进行的熟练程度测试得出的统计数据。也许最有说服力的是案件中法官的意见,即如果由于过分刻板地应用多伯特规则而将诉讼中笔迹鉴定意见排除在外,那么犯罪嫌疑人将无法在其辩护中提出对抗性辩解的证据。

> “第九巡回法庭在 2004 年确认了关于‘US 诉 Prime 案’上诉的裁决,并强调指出以下事实:所有 6 个巡回法庭先前均提出文件鉴定的可采性问题,也都确认了其可靠性。”
>
> ——引自 *Kelly and Lindblom*, 2006 年

如今,我们的学科已经成功应对了 47 个联邦地方法院关于多伯特规则的挑战,而没有被联邦上诉法院的法庭排除。据笔者所知,大约有 24 个上诉案件,在“错误定罪”调查中不需要对可疑文件鉴定结论进行质证。时至今日,我们一直在追踪有关多伯特规则的挑战,以确定法院如何应用多伯特规则和法律,从而使我们能够适应瞬息万变的时代。

我们不是律师,更不能自称是律师。法律和科学(法庭科学)是两个不同的学科。鉴定人的职责是遵循学科伦理,并通过鉴定结果协助法官查明事实真相。每个州和法律管辖区可能有不同的规则和解释。笔者将从文件鉴定人或者外行人士的角度谈谈多伯特规则。

多伯特规则源于 Daubert 诉 Merrell Dow 制药公司,509 U.S. 579(1993)的案件。诉讼的核心是原告所提出的对动物研究的证据和未经发表的重

新分析(对先前发表的人体研究)是否能够科学可靠地证明孕妇服用镇吐药苯达汀会导致婴儿出生缺陷。

上诉后,美国联邦最高法院驳回了第九巡回法院的上诉,并提出了一些由法官审查科学证据要考虑的因素,并将该案发回第九巡回法院做进一步审议。

美国联邦最高法院制定了以下标准:

1)法官是《联邦证据规则》第104a和702规则的证据“守门人”。

2)为了确定提供的科学证据或证词作为证据是否“可靠”,法官必须确定证据是“以科学方法和程序为基础”。

3)702规则设想的询问是“灵活的”。

4)科学方法论的特征把科学和其他领域区分开来。

5)在接受科学、技术或其他专业知识可以作为证据或证词之前,法庭应先以下述几点确定该项理论或技术:

a. 是否可以或已经经过测试?

b. 是否经过同行评审和公开发表?

c. 是否存在已知或潜在的错误率?

d. 是否在相关科学界被“普遍接受”?

在AAFS第58届年会上,第24号研讨会讨论Frye和Daubert如何改变了法庭上刑事科学技术和可疑文件的表达方式。会议主席由法学博士Joseph J. Maltese担任,联席主席由法律博士John L. Sang担任。Joseph J. Maltese于2006年2月21日做了题为“专家证言:科学,技术和其他专业证据(Expert Testimony: Scientific, Technical and other Specialized Evidence)”的专题报告。

10.9　文件鉴定人如何适应多伯特规则

迄今,所有涉及笔迹司法鉴定的专业科学研究都证实了文件鉴定人具有笔迹鉴定专业知识的能力。司法鉴定人必须始终牢记,法官是证据和证词的“守门人”,而法官在审查鉴定人的资质后可能不会接纳鉴定人意见。

文件鉴定学科的成员对多伯特规则的要点总结如下。

10.9.1　标准

如前所述,可疑文件原来使用ASTM作为其标准的发布机构,现在改由 SWGFDOC 制定国家认可的标准。相关标准可以通过访问 www.swgdoc.org 查询。

自 1977 年以来,ABFDE 提供资质认证。它确认文件司法鉴定申请人是否满足行业最低能力要求。认证基于申请人的个人和专业教育、培训经历、经验和成果,以及包含对 3 个部分广泛审查的结果。

ABFDE 由 FSAB 认证。

ABFDE 由加拿大法庭科学/司法鉴定学会(Canadian Society of Forensic Science)、美国可疑文件鉴定协会(American Society of Questioned Document Examiners)、西南文件鉴定协会(Southwestern Association of Forensic Document Examiners)和东南文件鉴定协会(Southeastern Association of Forensic Document Examiners)赞助,并获得 AAFS 可疑文件部门(Questioned Document Section of American Academy of Forensic Sciences)、国际鉴定协会(International Association of Identification, IAI)、中西部法庭科学/司法鉴定协会(Midwestern Association of Forensic Scientists, MAFS)和中大西洋法庭科学/司法鉴定协会(Mid-Atlantic Association of Forensic Scientists, MAAFS)的认可。ABFDE 是唯一可以要求获得此类赞助和认可的认证机构。

美国犯罪学实验室主任协会/实验室认可委员会(American Society of Crime Laboratory Directors/Laboratory Accreditation Board, ASCLD/LAB)是经同行评议的委员会,负责确认法医实验室是否符合特定标准。ASCLD/LAB 的日常工作包括文件实验室的检查和认证。

10.9.2　错误率/可靠性

虽然在法庭科学/司法鉴定领域都没有任何证据证实存在临界错误率,但自 20 世纪 90 年代初以来进行的大量研究都证实,文件鉴定人在手写字迹、手绘和签名(包括正常的和伪装的笔迹)鉴定上比非专家更可靠。

德雷塞尔大学电气与计算机工程系数据融合实验室的教授 Moshe Kam 博士研究发现,外行人士错误认定书写人的可能性是专家认定的 6 倍(Kam et al., 1994, 1997, 2001; Kam and Lin, 2003; Found, 2002)。Kam 博士于 2014 年被任命为罗格斯大学纽瓦克分校院长。

因此,如果一起涉及笔迹鉴定的案件在没有文件鉴定人介入的情况下进入审判程序,那么很可能会对涉案当事人不利。

在多伯特规则实施之前,Kam 博士就开始进行对文件鉴定人的笔迹专业知识相关的研究。1994~2008 年,他出版了笔迹相关研究的著作,并在 AAFS 的 *Journal of Forensic Sciences* 上发表了多篇论文。

ABFDE 主席 Kirsten Singer 在 ABFDE 新闻中写道:"正如 Kam 博士所言,他偶然涉足了可疑文件鉴定行业。"1991 年,Kam 博士曾向美国联邦调查局提交了一项利用计算机进行笔迹检索的项目提案。当时,他的一位学生曾建议咨询笔迹专家并参考其工作方式。Kam 博士让该学生去图书馆把所有描述文件鉴定人能力的论文都带回来。结果,该学生在图书馆仅找到了一篇由 Risinger、Denbaux 和 Saks 共同撰写的题为"伏魔"(*Exorcism*)的论文。这表明鲜有文件司法鉴定能力方面的研究。

正如 Kam 博士所解释的:"……对我们而言,进行这项研究(开展能力研究)至关重要。换句话说,如果我们要尝试将其规范化,那么这将需要大量的经费和时间。如果学生打算就此撰写论文,我们最好进行测试,以确保获得的信息比较可靠。"

Kam 博士于 1992~1993 年进行了首次探索性研究,促成了 1997 年发表的大规模研究报告,如"文件鉴定人的书写人认定"(Writer Identification by Forensic Document Examiners),随后又进行了其他同行评审研究。所有研究均显示,文件鉴定人和外行人士的能力验证的统计结果是不同的,文件鉴定人的错误率远远小于外行人士,对外行人士的物质激励并不能提升他们的能力表现。

10.9.3 基本原理的测试

笔迹鉴定的基本原理之一是,任何两个成熟的、个性化的笔迹都不会具有相同的笔迹组合特征。支持该原理的相关研究有如下几个。

1) 对同卵双胞胎的笔迹研究,至少有 3 项已发表的研究成果,即一项涉及 50 对同卵双胞胎(Beacom, 1960),一项涉及 58 对同卵双胞胎(Gamble, 1980),还有一项涉及 95 对同卵双胞胎(Boot, 1998)。

这些研究都取得了相同的结论,即只要有充足的笔迹样本,总是能够区分同卵双胞胎和异卵双胞胎的笔迹。

2) 美国特勤局和德国联邦刑事警察局(Federal Criminal Police Office of Germany, BKA)拥有笔迹司法信息系统(Forensic Information System for Handwriting, FISH)的数据库,其中美国特勤局的版本至少包括 11 万书写人的笔迹样本。而且迄今还没有发现任何两位书写人笔迹特征总和是一致的。

3) 在纽约州立大学(State University of New York)(Srihari et

al., 2002)文档分析与识别卓越中心(Center of Excellence for Document Analysis and Recognition, CEDAR)进行了一项以确定笔迹个体性为目的的研究。“这项工作的动机源于美国联邦最高法院裁定,这些裁决要求专家证词应以科学的方法论为支撑。由于尚未对笔迹方面进行过此类研究,我们决定开展这项工作。该数据库来源于美国的 1 500 个人的笔迹,通过按不同的性别、年龄和种族划分层次和按比分配,使样本能代表美国总体人群。通过使用机器学习方法来进行个体识别,其中一些样本用于学习书写人的笔迹特征,另一些样本用于测试学习的模型。基于从手写文件中获得的宏观特征和从以单字为级别获得的细节特征,我们能够认定书写人(置信度 98%)。该结果在美国整个人口中都具有统计学意义上的可推断性,我们能够以 95%的置信度来验证笔迹的个性。通过考虑更精细的特征,我们应该能够以接近 100%的置信度得出结论。”“我们的工作采用了与文档分析相似但不完全相同的方式。当文件鉴定人凭借主观分析细节特征时,所做的客观分析应该为个体判断的结论提供依据。”

4) 2009 年发表的一项研究样本来自纽约同一社区和小学的一组书写人,得出的结论是文件鉴定人能够确定书写人之间的差异并识别出重要的笔迹特征。鉴定人给出了书写人的明确结论,总体准确性达到了 98%(Durina and Caligiuri, 2009)。

5) Srihari 等进行了“关于双胞胎的笔迹可辨性”的研究[2008 *Journal of Forensic Science*, 53(2)]他写道:“长期以来,每个人笔迹的独特性一直可以被直观地观测到。数十年来,已经开发出用于人类笔迹匹配专业技术的方法(Louisiana Supreme Court, 1854; Hilton, 1979; Huber and Headrick, 1999; Levinson, 2001; ASTM standard E444, 2009)。但是,有必要对笔迹的区分度进行定量评估,特别是为了让法院接受文件鉴定人提供的证据。在先前的笔迹个性研究中(Chabot and Twisleton, 1871),我们报道了覆盖全美国不同人群的笔迹可辨性。该文报告了同卵双胞胎群体笔迹区分度的补充研究。过去和现在的研究都是基于笔迹的自动化比对。当前的研究使用的算法是根据笔迹特征类型更新的。”Srihari 在研究总结与探讨中写道:“双胞胎笔迹的可辨性是衡量笔迹特殊性的有效方法。可使用双胞胎和非双胞胎的笔迹样本进行自动化笔迹识别。误拒率为 0 时,使用不同内容的半页笔迹的识别错误率双胞胎的为 12.6%,非双胞胎的为 3.15%。允许误拒时,错误率可以分别降低到小于 4%和小于 0.5%。当进行同卵双胞胎和异卵双胞胎笔迹识别时,两者错误率的差异表明,同卵双胞胎的笔迹与异卵双胞胎相比,更具有相似性。”

双胞胎的错误率高于非双胞胎的这一事实可能与纯粹基于生理因素(如指纹和DNA)的生物识别技术一致。识别双胞胎的笔迹比鉴别非双胞胎更困难,因为双胞胎与其他人相比,更可能具有相同的遗传基因和环境影响因素。非双胞胎的结果与先前对一般人群的研究结果一致。尽管用于验证的两个文件的文本内容不同,文本段落较小(篇幅为半页),并且匹配过程中使用的字符是自动确定(而不是手动确定,因此会引入一些错误),但非双胞胎的结果仍与先前的研究大致相同。

在对半页的笔迹的识别中,自动化系统的表现优于外行人士。从系统设计的角度来看,这令人鼓舞,因为达到和人类相当的工作水平一直是人工智能领域大多数工作的目标。随着系统的进一步改进,系统的性能水平有望达到可疑文件鉴定人的水平。当前的系统只是基于一组简单的特征,使用更有价值的特征,如可疑文件鉴定人所使用的那些具有识别基础的特征,再加上更高精度的分类算法,应该能进一步降低错误率。鉴于专家的表现已被证明显著优于外行人士,因此可能需要进行许多复杂的改进来达到更高的目标。

相关研究文献参见:

1) Osborn(1929)。

2) Robertson(1991)。

3) Bradford 和 Bradford(1992)。

4) Huber 和 Headrick(1999)。

5) Hilton(1993)。

6) Srihari 等(2002)。

可疑文件相关主题的更多阅读,请参见2010年7月第20卷第4期的AAFS发布的新闻,“可靠、相关且有效的法庭科学/司法鉴定: 11个部门、1个学院”。AAFS文件鉴定部门在证实文件鉴定的有效性和可靠性方面发挥了举足轻重的作用。来源: Carl R. McClary,文件鉴定部门主任。

10.9.4 同行评审和论文发表

许多涉及文件鉴定的文章可以在以下同行评审期刊上发表:

1) *Journal of Forensic Sciences*。

2) *Journal of the American Society of Questioned Document Examiners*。

3) *Forensic Science International*。

4) *Canadian Society of Forensic Science Journal*。

5) *Journal of Forensic Identification*。

6）*Journal of Police Science and Administration*。

7）*Science and Justice formerly*(*Journal of the Forensic Science Society*)。

8）*Journal of Criminal Law and Criminology*。

10.9.5　学界的普遍接受

文件鉴定部门是AAFS的创始部门之一，并且自1942年以来就有自己的官方组织——ASQDE。另外，主要执法机构及州和地方机构也都提供文件鉴定专业服务。

下列组织中也有文件鉴定部门：

1）国际鉴定协会(International Association of Identification, IAI)。

2）中大西洋法庭科学/司法鉴定协会(Mid-Atlantic Association of Forensic Scientists, MAAFS)。

3）中西部法庭科学/司法鉴定协会(Midwestern Association of Forensic Scientists, MAFS)。

4）东北部法庭科学/司法鉴定人协会(Northeastern Association of Forensic Scientists, NEAFS)。

5）法庭科学/司法鉴定学会(章程成员)(Forensic Science Society, FSS)。

6）加拿大法庭科学/司法鉴定学会(Canadian Society of Forensic Science)。

以下院校开设有文件鉴定课程：

1）乔治·华盛顿大学(The George Washington University)。

2）密歇根州立大学(Michigan State University)。

3）约翰·杰伊刑事司法学院(John Jay College of Criminal Justice)。

4）国立大学(圣地亚哥)[National University(San Diego)]。

5）阿拉巴马大学伯明翰分校(University of Alabama at Birmingham)。

6）纽黑文大学(University of New Haven)。

7）中央俄克拉荷马大学(University of Central Oklahoma)。

8）伊利诺伊大学芝加哥分校(University of Illinois at Chicago)。

9）俄克拉何马州立大学(Oklahoma State University)。

John Sang除了在约翰·杰伊刑事司法学院和纽黑文大学教授文件鉴定课程外，在约翰·杰伊刑事司法学院和乔治敦大学(Georgetown University)也教授文件鉴定课程。

自2006年以来，俄克拉何马州立大学提供了可疑文件课程的研究生认证。该认证可申请俄克拉何马州立大学法庭科学/司法鉴定硕士学位。

10.10 文件鉴定人开展的研究工作

10.10.1 神经科学

van Gemmert(1996)、van Galen(1984)、Hardy 和 Thomassen(1996)的研究提供了一个用神经科学方法来解释伪装手写笔迹的示例。动力学研究的是力和转矩及其对运动的影响。伪装笔迹是指一个人故意试图改变自己笔迹(Huber and Headrick, 1999)。这项研究评估了几个动态变量(使用数位板和压感笔获取),发现伪装笔迹比正常笔迹更大,并且书写持续时间更长。

通过比较人群之间书写加速度变化的频率衡量发现,正常笔迹与伪装笔迹的不流畅程度并没有显著差异。研究还发现,笔压从正常书写状态的 1.08 N 增加到伪装书写时(自由体)的 1.35 N,并且书写草书的笔力高于印刷体。执笔倾斜角度一向不被认为是一种差异性特征,后来 Coupland(2004)证明了这一点。Coupland 证明了角度值测试和角度测量都不可靠,无法区分同一书写人的正常签名和伪装签名。

Mohammed 等(2011)进行了正常签名和伪装签名的运动学研究。运动学研究物体的运动而不考虑其他原因。他们发现正常签名会由于不同的大小、书写速度和笔压而在签名样式上产生显著差异。并且,正常和非正常条件签名之间,所有参数中至少有一个条件存在显著差异。对于书写速度和字体,这些条件变化取决于签名的样式。其他参数条件的变化是相似的。这项研究表明,在签名笔迹鉴定中正常签名和伪装签名之间的样式可能存在差异。

Caligiuri 等(2014)进行了关于身体健康的老年人签名的运动学研究。这项研究的主要目的是系统地检验健康书写人的签名运动与年龄相关的变化。使用数位板记录签名,并使用商业软件检验书写笔画在时间和空间上的运动及笔压。结果表明,随着年龄的增长,竖笔画书写的时间和不流畅性增加,而书写竖笔画的幅度和速度则随着年龄的增长而降低。书写时的笔压随着年龄的增长而降低。研究还发现,一个线性模型描述了年龄和签名时书写运动参数之间的最佳拟合关系。男性书写人比女性书写人表现出更明显的年龄效应,尤其是在笔压和笔画不流畅方面。

高度程序化熟练的动作,通过使其运动学特征遵循被称为最小化原则的规则来执行。等时性原理(isochrony principle)就是这样一种原理。该原理指出,自主运动的周期在一定范围的运动距离内保持大致恒定,即运动周期与运动振幅无关。等时性的概念表明,自动程序中存储的某些信息是恒定的,因此减少了程序的存储需求。在等时性原理的研究中,Caligiuri 等(2012)发现正常签名遵循等时性原则,而摹仿签名则没有。

van Gemmert 和 van Galen(1996)着眼于真实笔迹和伪造笔迹(forged① handwriting)的动力学研究。他们发现伪造者可成功复制笔迹在空间形态方面的特征,如字体大小、倾斜角度和整体风貌。然而,从运动学数据来看,研究人员发现,与正常书写的模型相比,伪造笔迹显示出较慢的书写速度、更长的反应时间,并且是由更频繁但较小的力脉冲产生的。他们发现伪造笔迹中的笔压更高,但正常笔迹样本中笔压的峰值更高。他们的结果进一步表明,摹仿他人的签名风格时,书写者肢体会更加僵硬,他们认为这可能是伪造者用来对抗压力的一种机制。他们得出结论,在动力学领域中摹仿笔迹与真实笔迹有很大不同。van Galen(1984)、van Gemmert 等(1996)及 van Gemmert 和 van Galen(1996)的研究最早证明了书写时笔的动态定量分析的价值。

Mohammed 等(2015)在对签名的运动学研究中发现,不论摹仿者自己或摹仿对象的签名风貌如何,笔画持续时间、速度和笔压可以区分真实签名和摹仿签名。然而,书写样式和字体大小、笔画平滑度等条件(平滑度的测量)之间存在显著的相互作用。这项研究的结果基于定量分析和动态书写特征,表明摹仿者自己及摹仿对象的签名风貌可能会影响摹仿书写动作的特征。因此,在评估签名特征以判断笔迹真实性时,可能需要考虑书写人书写样式特征的潜在重要性。

在一项签名动态特征的研究中,Franke(2009)发现书写速度、笔压、提笔或停笔等信息不足以区分真实签名和伪造签名。研究者得出的结论是:“只有局部、内部的墨迹特征及墨水浓淡和线条质量的变化才能在签名笔迹的分析中提供可靠信息。”但是这项研究包含的主题非常有限。

---

① 原著作者注:伪造和摹仿(forged and simulated)被定义为一个人试图复制另一个人的签名或笔迹风格。“伪造”(forgery)是法律术语,通常不被文件鉴定人使用,他们更喜欢“摹仿”(simulation)这个术语。

10.10.2 眼动追踪

Dyer 等(2008)评估了 8 名文件鉴定人和 12 名对照对象识别伪造或伪装签名的表现。在评估签名时,使用 Tobii 1750 眼球追踪仪记录受试者的眼球运动和响应时间。通过使用惩罚评分系统发现文件鉴定人的表现明显好于对照组。通过对被测试者的眼动搜索模式的分析(两组都采用了非常相似的搜索策略)表明,对签名的视觉检验是根据由下而上的搜索策略进行的。但是,与对照组相比,文件鉴定人的决策时间要长 50%以上。该研究表明,对于某些激励因素,文件鉴定人可以区分伪造和伪装签名,这种能力是由于他们能够仔细审查并综合考虑签名中的多个特征。

Merlino 等(2014)进行了另一项眼动追踪研究。这项研究采用了多学科的研究方法对现有的文件鉴定程序的可信度、测量有效性和准确性进行了实证研究。事实上,他们研究的是签名比对中有效性和可靠性的基本问题。

该研究的另一个阶段由 49 名文件鉴定人和 43 名非专业人员作为对照组进行,涵盖了 4 种不同的实验眼动追踪方案,并在受控的实验室条件下使用 Tobii T-60 型双目眼动追踪系统进行实验。签名刺激(signature stimuli)用来捕捉文件鉴定人在案件中可能会遇到的不同的签名特征,如签名复杂度、签名类型(基于文本的、混合的或个人风格化的)及签名的形成过程(真实的、伪装的、套摹的或徒手摹仿的)等。

眼动追踪和自我报告结果显示,文件鉴定人使用正式索引来评估笔迹的真实性具有很高的结构效度(construct validity)。通过这两种方法也显示出较高的收敛效度(convergent validity),这表明通过眼动追踪和自我报告获得的结果有相似的发现。没有经过正式培训的外行参与者依赖于常识性指数,该指数显示出较低的结构效度和收敛效度。

文件鉴定人使用的正式指标比外行人士使用的常识索引更全面。与非专业人员相比,文件鉴定人在笔迹特征上进行了更细致的区分,文件鉴定人报告的具有较高证据权重的特征(evidential weight)更为多样。非专业人员的报告显示,其确定的笔迹特征的证据权重始终很高,而文件鉴定人确定的笔迹特征的证据权重变化更大。

文件鉴定人选取的特征比非专业人员更准确,且文件鉴定人选取的特征数量更多,这表明他们对所评估的笔迹特征价值给出了不同的证据权重。文件鉴定人的评分者信度(inter-rater reliability)高于非专业人员。培训、教育和经验的程度与类型与文件鉴定人选取的笔迹特征类型和数量及给它们分配的信息权重无关，也与文件鉴定人优于非专业人员的程度无关。

10.11　签名和笔迹识别系统

从签名识别系统相关的大量研究中可以找到有关伪造签名特征的更多信息（Plamondon and Lorette, 1989；Leclerc and Plamondon, 1993；Gupta, 2006；Impedevo and Pirlo, 2008；Radhika et al., 2008a, b）。这些研究试图开发一个计算机系统，以准确确定一个签名是真实的还是伪造的。这些方法既适用于在线签名，又适用于离线签名。

现有的已开发的计算机系统用以辅助文件鉴定人来确定可疑签名的真实性，如 CEDAR - FOX 软件利用距离统计信息。使用该类软件的目的是提高签名和笔迹鉴别的客观性（Srihari and Leedham, 2003）。甘农大学（Gannon University）和乔治梅森大学（George Mason University）正在联合开发 FLASH - ID 系统。该系统采用独立的语言架构并已在实验性试验中取得了巨大的成功（Walch et al., 2009）。其他研究人员正在研究基于计算机的笔迹分析的可能性（Franke and Koppen 2001；Franke et al., 2002, 2003；Franke and Rose, 2004；Franke and Schomaker, 2004）。

签名识别引起了研究离线和在线系统的计算机专家极大的兴趣。在一些竞赛中，科学家和程序员争相提供鉴定分数最高、错误最少的系统（Blankers et al., 2009；Liwicki et al., 2010）。

10.12　笔迹司法鉴定中的自动化

美国特勤局和德国联邦刑事警察局维护着笔迹司法信息系统的数据库，其中美国特勤局的版本包括至少 11 万书写人的笔迹样本。迄今，还没有发现任何两位书写人具有相同的笔迹特征组合。

2013 年 6 月，NIST 举办的笔迹分析中的测量科学与标准会议（Measurement Science and Standards in Forensic Handwriting Analysis Conference）上，Katrin Franke 博士做了题为“WANDA：文件鉴定人的测量工具”的报告。她说：“司法鉴定实验室已经有两个基于计算机的笔迹鉴定系统正在运行，分别是 SCRIPT（荷兰国家应用科学院 NIFO/TNO）和笔迹司法信息系统（德国联邦刑事警察局）。笔迹司法信息系统（1997 年 12

月 31 日）收集有 77 000 起鉴定案件、17 500 份笔迹、32 000 位书写人、78 000 个人的鉴定和 86 000 份文件。自 1988 年以来，笔迹司法信息系统便在司法鉴定实验室开始运行。其中的笔迹按形态特征分类，然后与数据库里的信息进行比较。根据识别的相似性来显示，再进行数字化存储和管理。”Franke 博士目前正在升级笔迹司法信息系统，该系统现在被称为“WANDA”。

纽约州立大学的 CEDAR 通过计算机软件测量笔迹特征来继续开展深入研究。在一项已发表的对 1 500 多位书写人的研究中（Srihari et al., 2002），计算机系统能够以 95%的置信度识别出正确的书写人。他们的自动化系统 CEDAR - FOX 软件已经投入使用多年，可能已不需要更新书写人。现在，该中心正在开发“iFox”，其将协助文件鉴定人迈出最后一步（如将概率与他们的观察结果联系起来）。

甘农大学与美国联邦调查局共同开发了 FLASH ID 软件。该系统是一个独立于语言的笔迹鉴定系统（Gantz and Walch, 2013）。

10.13　最新的研究

美国国家司法研究所（National Institute of Justice）提供的竞争性赠款资助了几项笔迹研究。相关详细内容如下：

1）笔迹和手绘特征的出现频率，中佛罗里达大学，基金号：2010 - DN - X - K273。

2）1 800 名学生的笔迹特征历时性变化：长期性的统计分析和似然比。明尼苏达州刑事警察局，基金号：2010 - DN - BX - K212。

3）人为认知因素和文件鉴定的方法及程序，肯塔基州立大学，基金号：2015 - DN - BX - K069。

上述这些研究将为笔迹鉴定领域增加实证数据，相关的研究数据有望进一步支撑该领域的科学基础。

目前在美国，当文件鉴定人对签名是否为真实、伪装或伪造做出主观判断时，该判断通常被称为意见。例如，ASTM 国际标准 E1658 - 08：文件鉴定人鉴定意见的标准术语（ASTM International Standard E1658 - 08: Standard Terminology for Expressing the Conclusions of Forensic Document Examiners）。该标准可从文件鉴定科学工作组标准获得，也可通过访问 www.swgdoc.org 查询。

该标准为文件鉴定人提供了九分制结论：① 肯定同一（identification

wrote）；② 极可能同一（most probably wrote）；③ 很可能同一（probably wrote）；④ 可能同一（indications wrote）；⑤ 无法判断（Inconclusive）；⑥ 可能非同一（Indications did not write）；⑦ 很可能非同一（probably did not write）；⑧ 极可能非同一（most probably did not write）；⑨ 排除同一［elimination（did not write）］。

有些文件鉴定人会使用全部表述方式，有些文件鉴定人可能只会使用7 种、5 种甚至3 种表述方式。但也有些司法鉴定人包括文件鉴定人，批评了九级量表的使用，他们更倾向于在贝叶斯逻辑框架内表达自己的观点。因此，仍需要进一步研究以确定最佳的量表。

10.14 结论

10.14.1 公众，法律和司法鉴定的分布

美国部分州立犯罪实验室中没有文件鉴定人，有些州则减少了文件鉴定人的数量。不断增加的恐怖主义案件、日益猖獗的银行抢劫案、身份信息盗用案件、信用卡欺诈案件、白领犯罪案件及各种抵押贷款欺诈案件都几乎没有经过司法鉴定。低级别的犯罪案件进入政府实验室的机会有限。这些领域中的问题亟待适当的机构予以解决。

文件鉴定人将一如往常进行鉴定。一些执法机构已经开始雇用文件鉴定人来处理以前未解决的大量案件。笔者认为，越来越多的地方政府案件未来可能像 20 世纪上半叶那样，由私人文件鉴定人（private document examiners）处理。

10.14.2 研究

如上所述，我们看到在文件鉴定领域中正在进行大量的研究并对其进行跟进。专家们将继续与学者和研究人员合作，通过计算机软件客观量化笔迹特征，确定异质的（heterogeneous）和同质的（homogenous）书写人群体中特定笔迹和手绘特征的出现频率。对小学生的笔迹历时性变化进行研究以确定何时出现个体性笔迹特征，尤其是在一些无草书体教学而只有印刷体教学的学校。继续研究运动控制和书写运动学背后的神经科学，并希望有更多的眼动追踪研究以将专家与非专家群体区别开来。这些都将促进自动笔迹识别系统（automated handwriting identification systems）的研究。未来的笔迹研究将继续推动计算机技术的发展，直到它具备人类模式

分析能力，以便可以量化可变特征并确定特定特征的出现频率。继续开展能力验证，建立适用于非常规笔迹鉴定的错误率，如伪装笔迹、少量笔迹、外国裔的笔迹及结论量表的统计置信水平。

10.14.3 其他研究

建立统计方法，以司法鉴定技术区分办公机器，如扫描仪、打印机和复印机。通过能力验证来确定可疑文件鉴定中的错误率，如办公机器、潜在字迹和伪造文件。

（陈晓红 译）

本章参考文献

ABFDE n. d. [Internet]. Houston: American Board of Forensic Document Examiners, Background, Functions and Purposes of the ABFDE (28 June 2011). http://www.abfde.org/htdocs/AboutABFDE/BackgroundFunctionsPurposes.pdf.

ASTM Standard E444 (2009, 2009). *Standard Guide for Scope of Work of Forensic Document Examiners*. West Conshohocken, PA: ASTM International.

Beacom, M.S. (1960). A statistical study of handwritings by twins and other persons of multiple births. *Journal of Forensic Sciences* 5: 121 - 131.

Blankers, V., van den Heuvel, E., Franke, K., and Vuurpijl, L. (2009). The ICDAR 2009 signature verification competition. *Proceedings of the 10th International Conference on Document Analysis and Recognition*, Barcelona, Spain.

Boot, D. (1998). An investigation into the degree of similarity in the handwriting of identical and fraternal twins in New Zealand. *Journal of the American Society of Questioned Document Examiners* 1: 70 - 81.

Bradford, R.R. and Bradford, R. (1992). *Introduction to Handwriting Examination and Identification*. Chicago: Nelson-Hall.

Caligiuri, M., Mohammed, L., Found, B., and Rogers, D. (2012). Nonadherence to the isochrony principle in forged signatures. *Forensic Science International* 223 (1 - 3): 228 - 232.

Caligiuri, M., Kim, C., and Landy, K. (2014). Kinematics of signature writing in healthy aging. *Journal of Forensic Sciences* 59 (4): 1020 - 1024.

Chabot, C. and Twisleton, E.T.B. (1871). *The Handwriting of Junius, Professionally Investigated by Mr. Charles Chabot, Expert* [Internet]. London: J Murray.

Coupland, V. (2004). A critical evaluation of two methods of signature analysis. *Science and Justice* 44 (2): 65 – 71.

Crown, D. (1989). Questioned document examination. In: *Forensic Sciences Law/Science Civil/Criminal*, vol. 3 (ed. C. H. Wecht). New York: Matthew Bender & Co, Inc.; 39: 9.

Durina, M. and Caligiuri, M. P. (2009). The determination of authorship from a homogenous group of writers. *Journal of the American Society of Forensic Document Examiners* 12: 77 – 90.

Dyer, A., Found, B., and Rogers, D. (2008). An insight into forensic document examiner expertise for discriminating between forged and disguised signatures. *Journal of Forensic Sciences* 53 (5): 1154 – 1159.

Franke, K. (2009). Analysis of authentic signatures and forgeries. *Computational Forensics. Third International Workshop Proceedings*, *IWCF*, The Hague, The Netherlands (13 – 14 August).

Franke, K. and Koppen, M. (2001). A computer-based system to support forensic studies on handwritten documents. *International Journal on Document Analysis and Recognition* 3 (4): 218 – 231.

Franke, K. & Rose, S. (2004). Ink-deposition model: the relation of writing and ink deposition processes. *Proceedings of the 9th International Workshop on Frontiers in Handwriting Recognition* (*IWFHR*), Tokyo, Japan: 173 – 178.

Franke, K. and Schomaker, L. (2004). Robotic writing trace synthesis and its application in the study of signature line quality. *Journal of Forensic Document Examination* 16: 119 – 146.

Franke, K., Zhang, Y., and Köppen, M. (2002). Static signature verification employing a Kosko-Neuro-Fuzzy approach. In: *Advances in Soft Computing-AFSS 2002*, *LNAI2275* (ed. N.R. Pal and M. Sugeno), 185 – 190. Springer Verlag.

Franke, K., Schomaker, L., Veenhuis, C. et al. (2003). WANDA: a generic framework applied in forensic handwriting analysis and writer identification, design and application of hybrid intelligent systems. In: *Proceedings of the 3rd International Conference on Hybrid Intelligent Systems* (*HIS03*) (ed. A. Abraham, M. Köppen and K. Franke), 927 – 938. Amsterdam, The Netherlands: IOS Press.

Gamble, D. J. (1980). The handwriting of identical twins. *Canadian Society of Forensic Journal* 13: 11 – 30.

Gantz, D. and Walch, M. (2013). *FLASH ID Handwriting Derived Biometric Analysis Software. NIST Measurement Science and Standards in Forensic Handwriting Analysis Conference*, Washington, DC.

van Gemmert, A. and van Galen, G. (1996). Dynamical features of mimicking another person's writing and signature. In: *Handwriting and Drawing Research: Basic and*

Applied Issues (ed. M. L. Simner, C. G. Leedham and A. J. W. M. Thomassen), 459 – 471. Amsterdam: IOP Press.

van Galen, G. (1984). Structural complexity of motor patterns: A study on reaction times of handwritten letters. *Psychological Research* 46 (1 – 2): 49 – 57.

van Gemmert, A., van Galen, G., Hardy, H., and Thomassen, A. (1996). Dynamical features of disguised handwriting. *Proceedings of the Fifth European Conference for Police and Government Handwriting Experts*, The Hague, The Netherlands.

Gupta, G. (2006). *The State of the Art in On-line Handwritten Signature Verification.* Melbourne: Monash University.

Hilton, O. (1979). History of questioned document examination in the United States. *Journal of Forensic Sciences* 24 (4): 890 – 897.

Hilton, O. (1993). *Scientific Examination of Questioned Documents.* Boca Raton, FL: CRC Press.

Huber, R. A. and Headrick, A. M. (1999). *Handwriting Identification Facts & Fundamentals*, 3 – 8. New York: CRC Press.

Impedevo, D. and Pirlo, G. (2008). Automatic signature verification: the state of the art. *IEEE Transactions on Systems, Man, and Cybernetics, Part C: Applications and Reviews* 38 (5): 609 – 635.

Kam, M. and Lin, E. (2003). Writer identification using hand-printed and non-hand-printed questioned documents. *Journal of Forensic Sciences* 48: 1391 – 1395.

Kam, M., Wetstein, J., and Corm, R. (1994, 1994). Proficiency of professional document examiners in writer identification. *Journal of Forensic Sciences* 39: 5 – 14.

Kam, M., Fielding, G., and Conn, R. (1997). Writer identification by professional document examiners. *Journal of Forensic Sciences* 42: 778 – 786.

Kam, M., Gummadidala, K., Fielding, G., and Conn, R. (2001, 2001). Signature authentication by forensic document examiners. *Journal of Forensic Sciences* 46: 884 – 888.

Kelly, J. S. and Lindblom, B. S. (2006). *Scientific Examination of Questioned Documents*, 2e. Boca Raton, FL: CRC Press.

Leclerc, F. and Plamondon, R. (1993). Automatic signature verification: the state of the art 1989 – 1993. *International Journal of Pattern Recognition and Artificial Intelligence* 8 (3): 644 – 660.

Levinson, J. (2001). *Questioned Documents, A Lawyer's Handbook*, 1 – 7. San Diego: Academic Press.

Liwicki, M., van den Heuvel, E., Found, B., and Malik, M. (2010). Forensic signature verification competition: detection of simulated and disguised signatures. *Proceedings of the 12th International Conference on Frontiers on Handwriting Recognition*, Kolkata,

India.

Louisiana Supreme Court (1854). *Reports of Cases Argued and Determined by the Supreme Court of Louisiana, Volume 7, for the Year 1852*, 565 – 566. New Orleans: T Rea.

McAlexander, T.V., Beck, J., and Dick, R. (1991). The standardization of hand-writing opinion terminology. *Journal of Forensic Sciences* 36 (2): 313.

Merlino, M., Freeman, T., Dahir, V., et al. (2014). Validity, Reliability, Accuracy, and Bias in Forensic Signature Identification. *Final Tech. Rep. NIJ Award Number 2010 – DN-BX-K271.*

Moenssens, A. and Inbau, F. (1978). *Scientific Evidence in Civil and Criminal Cases.* Mineola, NY: Foundation Press, Inc.

Mohammed, L., Found, B., Caligiuri, M., and Rogers, D. (2011). The dynamic character of disguise behavior for text-based, mixed, and stylized signatures. *Journal of Forensic Sciences* 56 (S1): S136 – S141.

Mohammed, L., Found, B., Caligiuri, M., and Rogers, D. (2015). Dynamic characteristics of signatures: effects of writer style on genuine and simulated signatures. *Journal of Forensic Sciences* 60 (1): 89 – 94.

Osborn, A.S. (1929). *Questioned Documents*, 2e. Albany, NY: Boyd Printing Company.

Albert S. Osborn (1992) ASQDE [Internet]: Long Beach, CA: American Society of Questioned Document Examiners; C1997 – 2011. http://www. asqde. org/about/presidents/osborn_ as.html.

Osborn, A.S. (1922). *The Problem of Proof*, 2e. Albany, NY/Newark, NJ: Essex Press.

Plamondon, R. and Lorette, G. (1989). Automatic signature verification and writer identification — the state of the art. *Pattern Recognition* 22: 107 – 131.

Radhika, K., Venkatesha, M., and Sekhar, G. (2008a). Handwritten signature verification methods. *Proceedings of the World Academy of Science, Engineering and Technology* 36: 884 – 890.

Radhika, K., Venkatesha, M., and Sekhar, G. (2008b). Pattern recognition techniques in off-line hand written signature verification — a survey. *Proceedings of the World Academy of Science, Engineering and Technology* 36: 905 – 911.

Riordan, W.M., Gustafson, J.A., Fitzgerald, M.P., and Lewis, J.A. (2012). Forensic document examination. In: *Forensic Science: Current Issues, Future Directions* (ed. D. H. Ubelaker), 224 – 251. West Sussex: Wiley Blackwell.

Robertson, E.W. (1991). *Fundamentals of Document Examination.* Chicago: Nelson-Hall.

Sita, J., Found, B., and Rogers, D. (2002). Forensic handwriting examiners' expertise for signature comparison. *Journal of Forensic Sciences* 47: 1117 – 1124.

Srihari, S., Huang, C., and Srinivasan, H. (2008). On the discriminability of the handwriting of twins. *Journal of Forensic Sciences* 53 (2): 431 – 446.

Srihari, S. and Leedham, G. (2003). A survey of computer methods in forensic document examination. In: *Proceedings of the 11th Conference of the International Graphonomics Society* (ed. H.L. Teulings and A.W.A. van Gemmert). Scottsdale, Arizona, www.graphonomics.org.

Srihari, S. N., Cha, S. H., Arora, H., and Lee, S. (2002). The individuality of handwriting. *Journal of Forensic Sciences* 47 (4): 856 - 872.

SWGDOC n.d. [Internet]. Scientific Working Group for Forensic Document Examination [updated 2011 Nov 15]. About SWGDOC; [updated 2011 Sep 22]. http://www.swgdoc.org/about_us.htm.

The Origin of the ASQDE n. d. [Internet]: Long Beach, CA: American Society of Questioned Document Examiners; c1997 - 2011. www.asqde.org/about/history.html.

Walch, M., Gantz, D., Miller, J., and Buscaglia, J. (2009). Evaluation of the language-independent process in the FLASH ID System for handwriting identification. Presented at the American Academy of Forensic Sciences Conference, Denver, Colorado.

第 11 章
法医毒物学的回顾和展望

Barry K. Logan
NMS 实验室首席科学家，Fredric Rieders 基金会司法鉴定研究和教育中心，宾夕法尼亚州，美国

11.1 历史回顾

法医毒物学是研究药物和毒物及其使用后产生法医学后果的学科。其主要任务包括辅助确定有毒物质在法医死亡调查中的作用及死亡原因和死亡方式；确定可能对人的认知或运动功能造成损害的物质，特别是影响驾驶能力和机械操作的物质；鉴定各种受管制的环境中（如交通、工作场所或运动场所等）是否有滥用物质存在。法医毒物学主要分为两个领域——分析毒物学和解释毒理学。前者是依托先进仪器的技术驱动型实验室科学，需要扎实的化学和物理知识理论基础；后者是复杂的专业专家主导型科学，需要药理学、行为心理学、生物化学、解剖学和生理学及哺乳动物系统毒理学等多学科的知识理论体系。法医毒物学是法医学领域中一门以科学为基础的学科。然而，随着不断成长和成熟，它也和所有的学科一样面临着机遇和挑战。

尽管我们对植物、动物和矿物毒物的药理和毒性作用的认识可以追溯到远古时代，但对这些毒物的检测分析直到近代才开展起来。从化学和药理学的进展中衍生出的化学结构和药理机制已成为当今法医毒物学实践的基础。

1918 年，在纽约市法医办公室成立的 Alexander O. Gettler 实验室是公认的美国法医毒物学的开端。某些历史原因使吗啡的结构直到 1925 年才被 Robert Robinson 爵士阐明；羟考酮和氢可酮是最早的半合成类阿片类物质，直到 20 世纪 20 年代才被发明；早期的大多数“药物”只是植物提取物。组织中的有毒药物检测通常是通过提取肝组织或胃内容物（药物和毒物最集中的部位），然后再通过晶体试验、颜色试验、熔点测定和滴定等方法对其进行分析。早期毒物学家在研究中用于检测潜在有毒物质的方法

简单且主观性较强,回顾这些方法还是很有意思的。例如,闻到杏仁气味可推断有氰化物中毒的可能、从组织样品中分离砷或铊在玻璃表面的沉积可检测重金属物质。

许多毒物学家在 Alexander O. Gettler 实验室接受了培训并完成学业后,他们在美国各大医学检验机构和学术机构建立了法医毒物学实验室。彰显法医毒物分析能力提高的主要里程碑事件包括: ① 1941 年,引进贝克曼(Beckman)紫外分光光度计,使水杨酸盐、巴比妥类药物和对乙酰氨基酚等药物的定量分析更加准确。② 1967 年,引进珀金-埃尔默(Perkin Elmer) GC-900 气相色谱仪进行血液中乙醇含量检测,以更稳定、更快速的方法取代旧的、劳动密集但仍然准确的滴定方法。随后,仪器供应商不断改进技术、降低成本,使仪器更易使用。③ 1976 年,惠普公司推出了 HP 5990 台式气相色谱-质谱联用(gas chromatography-mass spectrometry, GCMS)仪。④ 1979 年,惠普公司又推出了熔融石英毛细管柱,提高了分析灵敏度,缩短了分析时间。20 世纪 80 年代,固相萃取技术也相继推出。21 世纪初,面向大众的台式液相色谱-质谱(liquid chromatography-mass spectrometry, LCMS)系统问世,分析灵敏度再次得到了有效提高,使检测更多的疑难复杂药物成为可能。随着科技进步,如今的高分辨质谱(high-resolution mass spectrometry, HRMS)、飞行时间(time of flight, TOF)和四极杆飞行时间(quadrupole time of flight, QTOF)质谱等的引入对分析产生了巨大的影响,这一关键进展将再一次改写法医毒物学的现状。

如前所述,法医毒物学结果评价比检测毒物、药物或毒素的能力更重要。一旦药物被检出并定量,毒物学家们面临的更大挑战在于他们的结果解释。早期主要借助于将药物浓度简编成治疗浓度范围、毒性浓度范围和致死浓度范围。20 世纪 90 年代,阿勒格尼县(Allegheny County)医学检查办公室的 Charles Winek 博士和荷兰的 Donald Uges 博士为国际法医毒物学家协会(The International Association of Forensic Toxicologists, TIAFT)制作了一套药物浓度的表格用于毒理学解释。然而,毒物学家们很快就发现,一刀切的解释方法行不通,因为不同类别的药物浓度之间有太多的重叠。于是,Randall Baselt 博士和 Robert Cravey 博士开始了一项艰巨的任务,将医学和科学文献中的众多报告、研究和案例汇编成一系列专著,这些专著成为毒物学解释的重要依据并保留至今。*Disposition of Toxic Drugs and Chemicals in Man* 是该领域最权威和最广泛使用的教科书,亦是法医毒物学的“圣经”,目前已经出版了第 11 版。

在人类行为学领域,乙醇一直是研究最多的药物,其中,瑞典科学家

Erik Widmark 在 20 世纪 30 年代的工作最引人注目。目前,血液中乙醇含量检测已成为常规检测项目,普遍采用带有火焰离子化检测器的顶空气相色谱法。1956 年,Robert Borkenstein 博士发明了呼气分析仪,他在印第安纳大学开展了一个项目,培训警察和法医科学家在项目实施方面的技能,包括药理学和乙醇对驾驶能力的影响及法庭作证的技巧。这个项目至今仍在印第安纳大学开展,目前已经培训了来自世界各地的 5 000 多人。

20 世纪 80 年代,法医毒物学领域的一个重要发现主要涉及药物在体内的死后再分布(postmortem redistribution, PMR)。Richard Prouty 和 Bill Anderson 博士、Graham Jones 等最早开始报道药物在人体内的 PMR 现象,并认识到许多因素导致了不同部位和组织之间药物浓度的差异。此外,药物浓度会随着死后时间的迁延而发生变化,即由于沉降和腐败作用,药物从组织中释放到体液中,而体液会在死亡后继续转移。这使人们更加认识到,在确定死因时,必须考虑整个案件的调查、尸检和毒物学结果。

除了技术的发展和对毒性机制和死后变化的动态性质有更深入的认识外,法医学领域和法医毒物学学科也开始专业化。AAFS 成立于 1948 年,法医毒物学是该新组织认可的首批学科之一。1975 年,在 AAFS 的支持下,成立了美国法医毒物学委员会(American Board of Forensic Toxicology, ABFT),旨在为法医毒物学从业者制定最低标准和资格准入标准。1997 年, ABFT 开始根据 AAFS/法医毒物学学会(Society of Forensic Toxicologists, SOFT)实验室指导委员会制订的指导方针,对实验室进行认可。个人自愿认证标准和实验室认可标准的建立提高了法医毒物学检测和结果解释的质量和可靠性,为该领域的关键性发展铺平了道路。其中之一是 2009 年成立了毒物学科学工作组(Scientific Working Group for Toxicology, SWGTOX),以进一步制定和不断改进鉴定标准。这些工作后来转变为 NIST 的 OSAC 工作职能的一部分(参见第 11.3.2 节),即通过一个公开和透明的基于共识的标准制定过程,负责标准的制定及修订。

法医学变革和改进的另一个主要推动因素是美国国家科学院 2009 年发布了国家科学院报告。根据该报告,法医毒物学和药物化学在这项审查中表现良好,这些学科是从基础研究中基于充分理解原则发展而来的,而且这些方法和技术经过了验证和经受住了同行审查。关于科学院提出的定量科学存在的常规性问题同样适用于法医毒物学,如错误率的理解、测量不确定度、报告的明确性及进行中的研究和培训下一代法医科技工作者等,都是该学科正在着手解决的问题。

11.2 对影响未来发展因素的思考

回顾法医毒物学专业的发展，过去的 30 年取得了令人激动的进步和成绩。21 世纪初，法医毒物学有了长足的进步：更加强调检测质量和质量控制；更好地进行实验室记录；仪器更加灵敏，足以检测出更多的药物和毒物；分析方法更可靠，结果解释有更多的文献可参考；与医学检查人员和病理学家进行了更加密切的合作，通过采集外周血进行检测以共同进行死因鉴定。检测过程和检测技术的稳定性、稳健性和经济、适用的设备使毒物分析更加简单易懂。

正如法医毒物学界已经认识到并接受了标准化和认证认可的价值一样，法医学界（包括法医病理学）也认识到了这一点。1975 年，国家医学检验师协会（National Association of Medical Examiners, NAME）制订了一个认可程序，并制订了一份尸检标准文件，其中强调了法医毒物学作为全面死亡调查一部分的重要性。这使得病理学家和医学检验人员能更好地利用毒物学资源。同样，ABMDI 的发展也伴随着类似的过程，更加强调了法医毒物学的重要性，并进一步促进了对于检测的需求。

到了 20 世纪 90 年代和 21 世纪初，人们越来越认识到毒品会严重损害安全驾驶所需的认知和运动功能。之前，人们关注的焦点是乙醇，人们对乙醇的药代动力学、作用和分析都非常了解。20 世纪 90 年代，在工作场所实施的滥用药物监测提高了社会对滥用药物的认识，也不可避免地提高了一些从事安全敏感工作的个人认识。越来越多的专业会议和出版物开始关注引起驾驶员驾驶能力受损的药物，毒驾的检测率也不断提升，毒物学家们开始接受培训和准备为毒驾案件出庭作证。2002 年，印第安纳大学在已有乙醇检测课程的基础上，开设了博肯斯坦（Borkenstein）滥用药物课程。毒物学家和国家交通安全管理局（National Highway Traffic Safety Administration, NHTSA）开发了药物识别和评价（Drug Recognition and Evaluation, DRE）计划，将药物损害的客观影响记录在案，同时结合受试者血液、尿液和唾液的毒物学测试结果进行综合判断。这项计划已在美国各地广泛采用，因此，对驾驶能力受损者进行滥用药物检测的需求不断增加。

ABFT 于 1996 年建立了实验室认可计划，将毒物学纳入 ASCLD/LAB 的考核，同时提高了检测质量和文件记录的标准，对实验室提出了更高的要求，要求其雇佣实验室管理方面的人员专门负责实验室的认证认可，并进行管理仪器维护、方法验证、质量控制、人员培训、可追溯性、测量不确定性等方面的文件及认证认可其他方面的工作。

对人体行为能力评价和死后毒理学试验的更大需求及实验室质量体系的构建和维持，使得毒理学检测更加昂贵。因此，政府部门的许多实验室没有办法同时兼顾两者。案件积压开始增多，直到 2019 年，许多司法管辖区仍然存在这些情况。

21 世纪末，新精神活性物质（novel psychoactive substances，NPS）不断涌现及 2015 年开始的阿片类药物危机给毒物学实践带来了新的挑战。

新精神活性物质时代始于 2008 年左右，当时欧洲出现了合成大麻素类物质。这些物质在结构和官能团上与大麻中的活性成分 Δ－9－四氢大麻酚（tetrahydrocannabinol，THC）明显不同。尽管如此，这些合成大麻素（当时被称为“策划药”）在大麻素受体 1（CB1 受体）处具有显著的受体结合能力（CB1 受体主要介导大麻的精神活性功能），并可产生类似大麻的效应。继合成大麻素之后又出现了一系列的卡西酮类衍生物，如苯乙胺类兴奋剂、吡咯烷酮类致幻剂等新精神活性物质。2014 年和 2015 年相继出现了新的阿片类和苯二氮䓬类新精神活性物质。芬太尼类似物和其他新型阿片受体激动剂的开发和滥用代表了新精神活性物质的危害性，其高效性和毒性使其在法医死亡调查中的检测成为关键。

新精神活性物质给法医毒物学家带来了五大挑战。第一个挑战就是鉴定模式的改变。在此之前，一个新的物质在上市之前，制药行业和学术研究人员已经对其进行了充分的研究并掌握了其特性。但是在新精神活性物质时代，一方面，每一类新精神活性物质的化学性质相差甚远，另一方面，每一类新精神活性物质类别中都包含很多性质相似的结构类似物和异构体。这些新精神活性物质几乎都未在动物模型或人体试验中进行过研究，因此毒物学家们对它们的效力、毒性及在体内代谢情况知之甚少。在毒物鉴定实践中对新精神活性物质的鉴定和结果解释的新要求，使得实验室必须适时改变鉴定模式，根据实验室认可的要求快速完成新精神活性物质方法的构建和验证，并不断更新检测方法。

第二个挑战是技术的更新。目前法医毒物学实验室的传统技术如免疫分析和 GCMS 检测灵敏度不高，常常无法检测出新精神活性物质及其代谢物，而且 GCMS 的分辨率往往无法区分结构类似的新精神活性物质。因此，对于数据库中没有的新精神活性物质的鉴定就需要兼具灵敏度和分辨率的新筛选技术，即在飞行时间和四极杆飞行时间平台上运用高分辨质谱技术。同时，解析未知新精神活性物质的能力也需要提升，即在大量分析数据中筛选出可疑的成分，并进行后续确认。这带来了两个问题，一方面购买高端设备本身就需要大量经费(高分辨质谱平台的成本一般为65万~80万美元);另一方面,人力成本高。新精神活性物质的鉴定需要雇佣更多有经验的分析人员从事分析方法的开发和验证,培训更多的分析人员进行新仪器的操作,此外还需要审查和分析仪器导出的多重复杂数据。这导致具有强大检测能力的昂贵的仪器到达实验室后,却没有相应配套的资源支持将其用于实际案件。

第三个挑战是标准物质(standard reference material, SRM)的缺乏。现行的法医毒物鉴定标准要求定性结果判定需与认证过的标准物质进行比较来验证。由于新精神活性物质中的大部分都是非常新的,在他们第一次被发现时往往没有商品化的标准物质,从而导致分析方法的开发和验证就会相对推迟。并且,当标准物质还没有商业化的时候,单独定制及合成某一标准物质就会非常昂贵(每种化合物几千美元)且耗时。此外,一些标准物质的供应商不在美国境内,这些标准物质的进口、许可和交付可能会延迟,这种情况在其他国家更是如此,这些都是需要慎重考虑的。

第四个挑战是投入和产出的不平衡。只有当实验室有了设备,培训了工作人员来操作仪器,订购并收到了标准物质,并且分析方法已经开发、验证和签署授权后,样品才能进行检测。除了极少数新精神活性物质滥用比较广泛外,绝大部分的新精神活性物质只是偶尔出现,因此实验室往往投入了大量的人力和财力开发、验证和运行多种新精神活性物质的分析方法,但是毒物鉴定实践中检测量很少,因此带来了低效和高成本的问题。

第五个挑战是鉴定结果的解释。新精神活性物质鉴定出结果后,意味着什么?传统的滥用药物和治疗药物已经使用了很长一段时间,对这些物质的研究已然比较充分,研究结果也已发表在经过同行评审的文献中,因此,有现成的参考数据可以用来进行结果解释。但与海洛因或可卡因等物质滥用相比,新精神活性物质滥用率并不是很高,因此文献中很少有报道,我们无可用数据进行参考。这意味着在相当长的一段时间内,法医毒物学工作者们必须进行数据积累,并且适时地共享数据和公布研究成果。在这之前,鉴定报告的使用者如调查员、验尸官、法医或检察官无法利用鉴定报告进行新精神活性物质鉴定结果的解释。因此,如后文所述,寻找更好的方法更快地与利益相关者群体共享这些数据是法医毒物学发展和进步的关键。

11.3 展望

从2018年的现状来看,随着上述研究的不断深入,法医毒物学学科的发展面临着前所未有的机遇和挑战。最大限度地提高毒物学实验室能够提供的服务并充分挖掘数据的价值才能推动学科不断向前发展。

11.3.1　实验室资源与联邦政府的作用

法医毒物学实验室无论在分析目标物的范围方面还是在检测灵敏度方面都比过去提高了很多。然而,阿片类药物相关死亡人数逐年上升(其中许多是新型阿片类物质),以及毒驾案件中的新精神活性物质不断涌现,从而增加了毒物学实验室的案件量。一些实验室转而求助于隶属于联邦政府的如司法鉴定科学组织联合会(Consortium of Forensic Science Organizations, CFSO)这样的组织来协助他们完成案件,这也是可以理解的。但归根结底,毒物化学检测主要是为各州服务的,各州政府需要拨出一定的经费用于支持其所属地域内实验室的建设。众所周知,联邦基金是短期的和不可预测的,地方实验室不能完全依赖联邦政府预算,毕竟联邦政府的预算经常变化而且会优先资助一些关键的维护地方公共卫生和公共安全职能的项目。美国国家司法研究所等组织做了很多值得高度赞扬的支持举措,如减少 DNA 试剂盒的积压、支持培训和新技术评估、鼓励改善和提升检测能力的研究等。联邦资金也提供了关键的助力。例如,提供资金帮助州和地方实验室消除包括毒物学在内的各个学科的案件积压。但是除非地方机构和政府加大力度为这项至关重要的公共卫生/公共安全服务的可持续发展提供资金,否则案件积压的风险是无法避免的。借助于一些基金项目可以为法医毒物学培养明日之星,诸如美国国家司法研究所的研究奖学金项目。这样的项目提供者的作用非常重要,这将在后面讨论。

11.3.2　标准与最佳实践指南的协调

联邦政府最重要的贡献之一是在 NIST 内建立了 OSAC。NIST 是联邦政府在计量学和标准化领域的杰出科研组织,其主导建立了一个多学科、政府间、公共/私营、利益相关者为基础的倡议,以提高司法鉴定实践质量,这也是现代司法鉴定领域所取得的最大的发展之一。法医毒物学作为一门学科,在支持和鼓励该领域不断提高质量方面有着悠久的历史。很多组织为创建法医毒物学领域的实践指导建议和共识文件做了相当大的努力,非常值得称赞,特别是 SWGTOX 在 ABFT 和 AAFS/SOFT 实验室指导委员会的领导下所做的工作。他们创造了一个在鉴定实践中强调质量控制和标准化的环境和氛围。OSAC 毒物学小组委员会通过 OSAC 公开透明的基于共识的程序,在将这些准则转化为真正的标准方面取得了巨大进展。这一程序考虑到了参与群体的多样性(从业者,研究人员,仪器供应商和标准物质供应商,州、地方、联邦、研究院和私人从业者;地域差异,以及组织规模的大小),有助于确保所有从业者、利益相关者都有发言权。对拟议标准文件的质量、法律条款和人为因素的审查、公开征求意见的开放期及处理该意见的责任制等的讨论,为法医毒物学领域创造了最佳论坛,也有助于创建符合法院规范和法律标准的可靠、有法律依据的方法。制定和采用这些标准所需的时间比较长,这也是一个复杂的过程,其取决于所涉专业人员及其机构在自愿的基础上付诸时间的多少。OSAC 的卓越之处在于它有能力接受最终采用的标准,并鼓励将其纳入机构和人员的认证要求。这一过程将使我们的鉴定实践更加有力,出错的风险将大大减少,有助于确保法庭上法医毒物学证据的可采纳性,并提高事实检验者赋予它的权重。

11.3.3 技术

对于大多数常规治疗药物和滥用药物的分析,许多经过试验和测试的技术都得到了很好的验证、通过了同行的评审和信任,并在整个领域得到了广泛应用。近年来,液相色谱/串联质谱技术(liquid chromatography/tandem mass spectroscopy, LCMSMS)得到了广泛的应用,提高了对 GCMS 不敏感目标物检测的灵敏度,并提高了实验室效率。然而,为了应对新精神活性物质鉴定的挑战,实验室将不得不采用更多的非靶向筛选方法,如高分辨质谱筛选提供的方法。高分辨质谱比 GCMS 的非靶向方法具有更高的灵敏度,并且其与液相色谱系统相结合,可以在不衍生的情况下进行检测,从而使检测时间更短、样品需求量更少。更重要的是,高分辨质谱中的非靶向数据可以采集并存档样品中的所有电子数据。一旦我们意识到有新的精神活性物质存在,还可以对其进行回顾性再处理和数据挖掘,然后检索和重新筛选,而无须存储和保存样本本身。然而,对于不断增加的新精神活性物质(许多流行率较低)的方法学验证,由于其流行率较低且方法验证比较复杂,将方法学验证所需做的工作整合并分派到地区、研究院、政府或优秀的私人鉴定中心的参考实验室中是十分有必要的。这将避免由于没有分析能力或没有持续、快速的方法开发和验证的资源而给实验室带来的高成本和研究中断。

这种新的模式要求大多数实验室将要用高分辨质谱来提高其筛选能力,并将重点放在 GCMS 和 LCMSMS 对常见分析物的确认上。更复杂和流行性较低的目标物将更多地依赖参考实验室进行方法验证。将仪器设备升级至高分辨质谱是非常昂贵的，而这一系列的技术转型也很好地预测了州和联邦资金的预算增加。培训，尤其是政府机构和专业组织的人员培训也需要进行合作。用于筛选的仪器的复杂性和成本的增加可能超出许多小型实验室的预算能力范围，这些实验室负担不起昂贵的技术升级，也负担不起专门用于认证、研究、开发和验证的成本。

11.3.4　培训、科研及跨学科协作

在过去的 15 年里，法医学硕士学位课程数量激增，这些课程培养出了许多法医学领域强有力的生力军。将鉴定实践纳入研究生培养计划对课程设置的成功及将其付诸实践至关重要。这些专业课程也给学生提供了一个具象的专业概况，让他们明白法医学这个行业具体是做什么的，而不仅仅是只能通过大众媒体去了解。包括法医毒物学在内的特定学科中引入专业科学硕士（Professional Science Masters，PSM）课程，向学生介绍管理和领导的规范和准则，这将更长远地推动专业进步。然而，目前缺乏的是更为多样化的博士课程，这些课程应以法医学为基础，与该领域的研究需求密切相关。同时还应鼓励鉴定实验室和学术项目之间开展更密切的合作，因为这将有助于为研究生确定研究项目提供信息。

当然，科学家们总是认为“需要更多的研究”，法医毒物学家也不例外。高分辨质谱和 LCMSMS 平台可在多种不同数据采集模式下运行，从而将为提高灵敏度、检测目标物范围和分析速度提供多重支撑。同时，鼓励跨学科研究将是关键，如药物化学家和毒物学家之间的科研合作。快速变化的药物市场已经表明，在药物环境更加稳定的情况下，在筒仓内工作的模式在今天已经不再适用。药物化学家通常能洞察市场上新精神活性物质的出现，并与毒物学同事分享这些信息，这将有助于毒物学家们更好地在死亡案例中识别新精神活性物质。同样，来自死亡案例中的毒物学数据可能有助于为涉及新精神活性物质案（事）件的调查人员提供有用的线索，建立新精神活性物质及其前体物质的关联性，了解它们的地理分布，获悉特定批次的药物所处的地理位置。

目前，在毒物学解释、药物相互作用、PMR 和药物代谢的遗传差异等领域仍需进行更深入的研究。这些研究在新精神活性物质的研究中显得尤为重要。滥用药物市场中新精神活性物质的早期鉴定可以使研究人员在受体结合研究、体外代谢组学研究、基于动物实验的功能性研究、更好地洞察新精神活性物质的效力和毒性及对其危害的早期评估等多方面研究

中处于领先地位。快速收集这些信息也有助于毒品管制和相应法律法规的推动和执行。

提前告知公共卫生领域的其他相关机构，如药物治疗、降低伤害、紧急医疗和社会服务及公共安全领域，如边境安全、国土安全，让他们支持并配合对新精神活性物质的执法和查禁，可以使所有机构都能比事后收到信息或根本没有收到信息时做好更充足的准备，做出更有效的反应。更全面、更深入的法医毒物学和缉获毒品的检测将通过如ASCLD、NAME、美国医学毒物学家学会（American College of Medical Toxicologists, ACMT）、国家药物预警系统（National Drug Early Warning System, NDEWS）、新泽西药物监测倡议（New Jersey Drug Monitoring Initiative, NJDMI）等美国国内组织，以及欧洲药物和药物成瘾监测中心（European Monitoring Center for Drugs and Drug Addiction, EMCDDA）和联合国毒品和犯罪问题办公室（United Nations Office on Drugs and Crime, UNODC）等国际组织，向其他分支机构提供更好、更及时的信息。

法医毒物学中的数据科学已被OSAC毒物学小组委员会确定为该领域的研究重点。数据科学通过整合和分析大型数据集，可以及时地发现数据趋势，溯源新精神活性物质爆发的地理位置，发现毒品联合使用的新趋势，活性药物和前体化学品是否共存，以及从回顾性数据挖掘中获得新精神活性物质的来源、流通途径、体内过程等更深层次的信息。这是迄今尚未开发的领域。将毒物学数据与尸检、现场调查及死者的医疗或药物使用史数据相结合，可以更好地了解特定生活方式背景下的药物使用及药物耐受，并最终更好地确定死因和死亡方式。将法医死亡调查毒物学数据与急诊室中非致死性中毒的缉获毒品趋势和毒品使用模式相结合，进一步加深了我们对毒品危害的认识。

法医毒物学还需要其他一些关键领域的研究，如在受体和代谢水平上更好地了解有毒药物的相互作用。药物基因组学研究，即药物代谢酶的基因多态性使药物代谢速率不同，因此在解释结果时应考虑药物基因组学因素。在PMR方面也还需要做更多的研究工作。

关于PMR，我们所知的大部分都是在20世纪80年代和90年代所做的工作，当时我们并不了解药物浓度测量的不确定性有多大程度是来源于药物体内分布的不同。借助更好的仪器设备来减少分析方法本身存在的局限性将有助于我们更深入地了解死后体内药物浓度变化。

OSAC毒物学小组委员会还确定了毒物学分析中需要考虑的人为因素，中草药、保健食品及植物毒素的毒物学研究也十分必要，而且也相对成熟。

11.4　结语

法医毒物学学科的发展离不开同行评审的文献和研究的支撑。这是一门跨学科的专业，涉及化学、物理、生物化学、解剖学和生理学、分析化学、分子生物学、药理学、临床毒理学和统计学等多方面的内容，并持续得到科研院所的研究和富有成效的合作支持。如今法医毒物学根基扎实并随时准备迎接新的挑战。

我们有很多资源来支持学科的增长和发展，包括实力雄厚的 AAFS 的毒化部门，来自 SOFT 的温暖、热情和专业的支持，以及通过 TIAFT 建立起来的国际联系。

未来 10 年，法医毒物学将面临更多的挑战、更高的认证标准、更好和更强大的筛选技术、更有效的跨学科合作和沟通及更深层次的大数据挖掘。随之而来的将会是很多的变革，包括更多的资源整合、更高配置的设备、更有能力的专业人员，最终使实验室能够更好地应对巨大的检测工作量和更复杂的技术问题。

致谢

感谢许多同事、同行、学生、青年科学家、研究人员和法医毒物学爱好者，他们使我在这个令人兴奋和值得付出的研究领域不断成长。我在 AAFS 和其他专业组织的同事、我的前任执行官及每天与我共事的年轻人，他们的精力、热情、努力和对知识的渴求使我坚信法医毒物学将有更美好的未来。

（施妍　译）

附：原著作者简介

Bob Barsley, has been continually licensed in Louisiana to practice dentistry since 1977 and to practice law since 1987. He is a tenured Professor at LSU where he has been full-time faculty since 1882. He is a fellow of the American College of Dentists, the International College of Dentists, the Pierre Fauchard Academy, and the Odontology Section of the American Academy of Forensic Sciences. He has also served as a Robert Wood Johnson Foundation Congressional Health Policy Fellow in the office of Senator John Breaux. He is a past president, past Speaker of the House, and a past secretary/treasurer of the Louisiana Dental Association. He is the immediate past Chair of the Council of Scientific Society Presidents in Washington, DC.

Dr. Barsley has also served as Acting State Dental Director of the Louisiana Office of Public Health and as the Chief Compliance Office for the LSU Health Sciences Center. He has held numerous officers in various forensic organizations and is a past president of the American Academy of Forensic Sciences, past Treasurer of the Forensic Science Foundation, and is a past president of the American Board of Forensic Odontology and of the American Society of Forensic Odontology. He has been a member of the *Journal of Forensic Sciences* Editorial Board for many years and is a frequent guest reviewer for the *Journal of the American Dental Association* and the *Journal of Dental Education.* He was named by NIST to chair the Odontology Subcommittee of the Organization of Scientific Area Committees under the auspices of the Forensic Sciences Standards Board. He served as the magistrate judge for the Ponchatoula City Court for nine years.

Thomas L. Bohan, Ph.D., J.D., holds his physics PhD from the University of Illinois-Urbana/Champagne and his law degree from the University of New Hampshire School of Law. He has authored books and peer-reviewed papers in the scientific and legal professional literature. Reflecting his interest in forensic science and its admission into evidence, these publications include early commentary on the Daubert decision and an extensive review of the 2009 National Academy of Science report Forensic Science in the United States.

While president of the American Academy of Forensic Sciences (2009–2010), he sought to make the Academy a partner in the forensic-science reform called from by the report. Later, while president of the Forensic Specialties Accreditation Board (2015–2017), he oversaw the revision of that organization's standards so as to limit the board's offer of accreditation to those Conformity Assessment Bodies that certified forensic practices that are reliable and reproducible. He resides in Casco Bay's Peaks Island in the State of Maine.

Edmund R. Donoghue, M.D. is a forensic pathologist and regional medical examiner for the Georgia Bureau of Investigation in Savannah, GA. Dr. Donoghue is a graduate of the University of Notre Dame and the Medical College of Wisconsin. He received postgraduate medical specialty training at the Mayo Clinic, the Wayne County Medical Examiner's Office, and the Armed Forces Institute of Pathology. For 30 years he was employed by the Office of the Medical Examiner of Cook County in Chicago, IL, and for the last 14 of those years he was chief medical examiner.

Dr. Donoghue is certified by the American Board of Pathology in anatomic and forensic pathology. He served as a clinical professor of forensic pathology at the University of Illinois at Chicago. He has served as president and chair of the board of directors of the National Association of Medical Examiners. Dr. Donoghue is a past president of the Chicago Medical Society, the Georgia Medical Society, and the American Academy of Forensic Sciences.

Zeno Geradts is a senior forensic scientist at the department of Digital and Biometric Traces of the Netherlands Forensic Institute. He is for one day a week full professor by special chair of forensic data science at the University of Amsterdam. His research interests are the use of deep learning and artificial intelligence in forensic science in interpreting images and data.

He is president elect of the American Academy of Forensic Sciences

2018 – 2019 and will be the 2019 – 2020 president of the AAFS. Furthermore, he is associate editor of the *Journal of Forensic Sciences*, and chairman of the European Network of Forensic Science (ENFSI) Forensic IT working group.

John Gerns is past president of the AAFS and sat on the AAFS Executive Committee and the board of directors. He has been with the AAFS since 1983 and became a Fellow in 1992. He is an Adjunct Professor for Central Texas College and the University of Maryland University College where he teaches Forensic Science and Criminal Justice. In addition, he provides forensic science consultation on violent crimes.

Prior to his retirement on 30 September 2013, he was the Investigations and Operations Consultant assigned to the Fourth Field Investigations Squadron, Vogelweh, Germany. He has extensive training and experience in major investigations involving death, child physical and sexual abuse, sexual assault, mass grave exhumations, along with crime scene processing and reconstruction. Special Agent Gerns' assignments have included Command Forensic Advisor, Director of Criminal Investigations, Director of Investigative Specialties, Forensic Consultant to International Criminal Tribunal for the former Yugoslavia (ICTY), and Chief of Death Investigations. His primary role during that period was ensuring the latest innovations in the forensic sciences were applied to AFOSI's investigative mission.

Carol Henderson is the founding director of the National Clearing-house for Science, Technology, and the Law, and a professor of law at Stetson University College of Law. Professor Henderson has presented more than 300 lectures and workshops worldwide on scientific evidence, courtroom testimony, and professional responsibility. She has more than 90 publications including "Sleuthing Scientific Evidence Information on the Internet," 106 *Journal of Criminal Law and Criminology* 59 (2016) and "Future Focus for Forensic Science," a special issue of *The Sci Tech Lawyer* (2017).

Professor Henderson has appeared in national media as a legal analyst and testified before the US Congress. She served as the president of the American Academy of Forensic Sciences (2008 – 2009) and presently serves on the ABA's Science and Technology Law Section Council. She is the deputy editor-in-chief of *The SciTech Lawyer*. She also serves on the ABA Judicial Division Forensic Science Committee and as faculty for the National Judicial College. In February 2019, she received the American Academy of Forensic Sciences Distinguished Fellow award.

Barry K. Logan PhD, is chief scientist at NMS Labs and executive director of the Center for Forensic Science Research and Education in Willow Grove PA. He has authored or coauthored over 120 publications, and his current research interests are in the area of Novel Psychoactive Substances, and Drug and Alcohol Impaired Driving.

He holds academic appointments at Indiana University, where he directs the Robert F. Borkenstein Course on Alcohol, and at Thomas Jefferson University where he is director of the Forensic Toxicology Professional Science Masters Program. He served as president of the American Academy of Forensic Sciences between 2013 and 2014.

Daniel A. Martell, Ph.D., A.B.P.P. is a forensic neuropsychologist who has specialized experience applying diverse knowledge to cases involving forensic neuroscience and human behavior. He is Board-Certified in Forensic Psychology by the American Board of Professional Psychology; a Fellow of the American Academy of Forensic Psychology; and a Fellow of the National Academy of Neuropsychology; a Fellow of the Royal Society of Medicine in London; and a Fellow and Past President of the American Academy of Forensic Sciences.

He is a member of the Clinical Faculty in the Department of Psychiatry and Biobehavioral Sciences at the Semel Institute for Neuroscience and Human Behavior at the David Geffen School of Medicine at UCLA.

Examples of his expertise in criminal cases include brain damage and crimes of violence, mass murderers and serial killers, violent sexual predators, and capital habeas corpus appeals litigation. He is particularly experienced with dozens of cases involving determinations of Intellectual Disability and the death penalty pursuant to *Atkins v. Virginia*, having been the prosecution's expert in that landmark case. His experience in civil litigation includes damages determinations in mass torts, lawsuits arising from clergy abuse, corporate civil and products liability, employment law, and elder law cases involving testamentary capacity and undue influence.

Carl R. McClary is a senior forensic document examiner and technical lead with the Bureau of Alcohol, Tobacco, Firearms, and Explosives forensic science laboratory in Atlanta, Georgia. He is a member of the Questioned Documents consensus body of the Academy Standards Board (ASB) and former chair of the E30. 02 Questioned Documents subcommittee of the American Society for Testing and Materials International (ASTM). Some of his recent research focus has been on document examiner aptitude in determining stroke velocity rates in handwriting, opinion terminology standardization, and forensic science training development and standardization. He is the current treasurer of the American Academy of Forensic Sciences.

Linton A. Mohammed, Ph.D., D-ABFDE has been in the field of Forensic Document Examination for more than 30 years. His PhD thesis was entitled "Elucidating spatial and dynamic features to discriminate between signature disguise and signature forgery behavior." He has testified as an expert witness more than 100 times in the United States, England, and the Caribbean. He is the coauthor of "The Neuroscience of Handwriting: Applications for Forensic Document Examination," and has published several papers in peer-reviewed journals. Dr. Mohammed has conducted or copresented workshops on signature and document examination in Australia, Brazil, Canada, China, Latvia, Poland, Saudi Arabia, Turkey, and the United States. In 2012, he was given the New Horizon Award in Recognition of Exceptional Contributions in Scientific Research for the Advancement of Forensic Document Examination by the American Board of Forensic Document Examiners, Inc.

Dr. Mohammed is certified by the American Board of Forensic Document Examiners, Inc. and holds a Diploma in Document Examination from the Chartered Society of Forensic Sciences. He is a member and past president of the American Society of Questioned Document Examiners, Inc., a Fellow of the Questioned Documents Section of the American Academy of Forensic Sciences and serving as the Chair of the Section from 2016 to 2018. He serves on the Editorial Review Boards of the *Journal of Forensic Sciences* and *Journal of the American Society of Questioned Document Examiners*, and is a guest reviewer for several other journals. Dr. Mohammed is in private practice in Burlingame, CA (San Francisco Bay Area).

Richard Rosner, M.D. is a clinical professor of Psychiatry and a clinical professor of Child and Adolescent Psychiatry at New York University School of Medicine. He is editor or coeditor of nine books on forensic psychiatry and three books on adolescent psychiatry. He is a former president and distinguished fellow of the American Academy of Forensic Sciences (AAFS). The AAFS Psychiatry and Behavioral Science Section named its annual award for the Best Paper by a Forensic Psychiatry Fellow or a Forensic Psychology Fellow in his honor, that is, the Richard Rosner Award.

He is a former president of the American Academy of Psychiatry and the Law (AAPL). He has received AAPL's Seymour Pollack award for teaching, AAPL's "Red Apple" award for services to the organization, and AAPL's "Golden Apple" for lifetime achievements in forensic psychiatry. He has been president of the Accreditation Council on Fellowships in Forensic Psychiatry and president of the Association of Directors of Forensic Psychiatry Fellowships. He is a former president of the American Board of Forensic Psychiatry, Inc. He is a distinguished life fellow of the American Psychiatric Association (APA). He is a recipient of the Isaac Ray Award of the APA for distinguished contributions to forensic psychiatry. He (with Charles Scott, M.D.) received the Manfred Guttmacher Award of the APA for their book *Principles and Practice of Forensic Psychiatry*, Third Edition. He is a fellow of the American College of Psychiatrists. He is a fellow of the American Society for Adolescent Psychiatry (ASAP), a former president of ASAP, a recipient of the Herman Staples Award for distinguished services to ASAP, and a recipient of the highest recognition bestowed by ASAP, its William Schoenfeld Award.

Douglas H. Ubelaker, Ph. D. is a curator and senior scientist at the Smithsonian Institution's National Museum of Natural History in Washington, DC. where he has been employed for over four decades. Since 1978, he has served as a consultant in forensic anthropology. In this capacity, he has served as an expert witness, reporting on more than 980 cases and has testified in numerous legal proceedings.

He is a professorial lecturer with the Departments of Anatomy and Anthropology at the George Washington University, Washington, DC., and is an adjunct professor with the Department of Anthropology, Michigan State University, East Lansing, Michigan. Dr. Ubelaker has published extensively in the general field of human skeletal biology with an emphasis on forensic applications. He served as the 2011 - 2012 president of the AAFS.

John Sang received his Master of Science from the Forensic Science Program at John Jay College of Criminal Justice, The City University of New York. He served as vice president of the American Academy of Forensic Sciences 2010 - 2011 and four years on the board of directors and served as Section Chair of the Question Documents Section. He chaired many technical workshops at the AAFS. He received the American Academy of Forensic Sciences Question Document Sections Ordway Hilton Award in Recognition of Outstanding Contributions to Forensic Document Examination. He was certified by American Board of Forensic Document Examination (ABFDE), is a Member of the American Society of Testing and Materials International and the Northeastern Association of Forensic Sciences.

John taught at John Jay College of Criminal Justice, University of New Haven, Ct., Brooklyn Law School, Brooklyn, NY, New York City Police Academy, Advanced and Specialized Training and the NYPD Crime Laboratory. He was a lieutenant with the New York City Police Department with specialties in scientific and criminal investigation. He served as technical supervisor and as a forensic document examiner in the Forensic Document Section of the New York City Police Crime Laboratory. He had a number of other positions in the Police Department and testified in a number of high-profile cases. He is now in private practice as a Forensic Document Examiner.

Ronald L. Singer, M.S. is the technical and administrative director for the Tarrant County (Texas) Medical Examiner's Office. A forensic scientist for over 46 years, he is a distinguished fellow and past president of the American Academy of Forensic Sciences; a distinguished member and past president of the Association of Firearm and Tool Mark Examiners, and a past president of the International Association of Forensic Science.

He is the recipient of the American Academy of Forensic Sciences Criminalistics Section Distinguished Service Award, the Mediterranean Academy of Forensic Sciences Gold Medal Award and the Association of Firearm and Tool Mark Examiners Member of the Year Award, and has been an invited speaker throughout the United States and England, Hungary, Bosnia, the Maldives, Sri Lanka, Turkey, the Czech Republic, Portugal, Dubai, and Lebanon.